За грях,
за правда
и за съдба

„И той, когато дойде, ще обвини света за грях, за правда и за съдба..."

(Йоан 16:8)

Поредици за святост и сила (Въведение 1)

За грях, за правда и за съдба

Поредици за двуседмични специални проповеди за изцеление - 1

д-р Джейрок Лий

За грях, за правда и за съдба от д-р Джейрок Лий
Публикувано от Юрим Букс (Представител: Johnny. H. Kim)
73, Yeouidaebang-ro 22-gil, Dongjak-gu, Seoul, Korea
www.urimbooks.com

Всички права запазени. Тази книга или части от нея не може да се възпроизвежда в никаква форма, да се съхранява във възстановяваща система или да се предава в каквато и да е форма или чрез всякакви електронни, механични, фотокопиращи, записващи или други средства, без предварително писмено разрешение на издателя.

Освен ако не е посочено друго, всички цитати от Светото писание са взети от Светата Библия, НОВАТА АМЕРИКАНСКА СТАНДАРТНА БИБЛИЯ, ® Авторско право © 1960, 1962, 1963, 1968, 1971, 1972, 1973, 1975, 1977, 1995 от Фондация Локман. Използвани с разрешение.

Авторско право © 2016 г. от д-р Джейрок Лий
ISBN: 979-11-263-1173-6 03230
Авторско право за превод © 2013 г. от д-р Етер К. Чанг. Използвани с разрешение.

Публикувана за първи път през декември 2023 г.

Публикувана преди това в Корея през 2011 г. от Юрим Букс в Сеул, Корея

Редакция от д-р Джюмсан Вайн
Дизайн от Дизайнерския екип на Юрим Букс
За повече информация, свържете се с: urimbook@hotmail.com

Бележка на автора

*Моля се читателите да станат праведни хора,
които получават Божията голяма любов и благословии...*

В своята младост великият реформист Мартин Лутер изпитал травматично събитие. Един ден, докато той и неговият приятел стояли под едно дърво, за да се скрият от дъжда, ги ударила светкавица и приятелят му, който се намирал до него, умрял. След това събитие Лутер станал монах и страдал в страх от Бога, който осъжда и порицава греха. Въпреки че прекарал много време в изповедалнята, той не намерил отговор на проблема с греха. Независимо колко време изучавал Библията, той не открил отговор на въпроса: „Как може един неправеден човек да удовлетвори праведния Бог?"

Един ден, докато четял едно от писмата на Павел, той накрая намерил спокойствието, което търсел толкова усърдно. Римляни 1:17 гласи: „Защото в него се открива правдата, която е от Бога чрез вяра към вяра, както е писано: „Праведният чрез вяра ще живее"". Лутер бил просветен за „Правдата на Бога". Въпреки че до този момент той познавал само правдата на Бог, който съди всички хора, сега осъзнал правдата на Бог, който прощавал свободно греха на всички хора, които вярват в Исус Христос и дори ги нарича „праведни". След това осъзнаване, Лутер живял с постоянна страст за истината.

По този начин, Бог не само признава свободно за „праведни" всички онези, които вярват в Исус Христос, но Той им дава също Светия дух като подарък, за да научат за греха, правдата и съдбата, да се подчиняват доброволно на Бог и да изпълняват волята Му. Следователно не трябва да спираме просто с това да приемем Исус Христос и да сме наречени праведни. Много е важно да станем истински праведни хора, като отхвърлим греха и злото от себе си с помощта на Светия дух.

През последните 12 години Бог позволи в църквата ни да се провежда специално изцеление всяка година, за да може всички църковни членове да получат благословията да станат праведни хора чрез вяра. Той ни ръководи за възможността да получим отговори на всякакви видове молитви, които отправяме към Него. Той ни ръководи също, за да разберем различните измерения на духа, добрината, светлината и любовта, за да получим Божията сила в живота ни. С всяка изминала година, когато вървим с вяра към святост и сила, Бог благослови много хора от всички нации, за да изпитат Божията сила, която е записана в Библията и преминава времето и пространството.

Ние публикувахме поредиците от проповеди за изцеление: „Святост и сила", които съдържат посланието за дълбокото провидение на Бога и читателите могат систематично да се учат от тях. Посланията за изцеление от първите три години служат като „Въведение". Те се тревожат за своя път към правдата, унищожавайки стената от грях между нас и Бог. Посланията от следващите четири години ни учат да вървим към святост и сила, което служи като „Основно послание". На последно място, посланията от последните пет години ще представят начина, по който да изпитаме Божията сила, като прилагаме на практика Словото. Те ще послужат като „Приложима" част на тази публикация.

Много хора в днешно време живеят без да знаят какво означават понятията грях, правда и съдба. Дори онези, които ходят на църква, нямат увереност в спасението и водят мирянски живот като всички други хора на земята. Освен това, те не водят християнски живот, който е праведен според Бога, а който е праведен според това, което те считат за праведно. Ето защо за греха, правдата и съдбата е първата книга от поредицата от проповеди Святост и сила, която описва как да водим успешен християнски живот, получавайки опрощение на греховете ни и постигайки правдата на Бога в живота ни.

В потвърждение на това учение с доказателство за силата Му, по време на първата сесия в първия ден на нашата служба за изцеление през 1993 г., Бог обеща благословията на зачеването за множество двойки, които бяха женени от 5-6 и дори 10 години без да имат дете. В края на службата за изцеление, почти всички двойки зачнаха и започнаха да отглеждат семейства.

Бих искал да благодаря на Джюмсан Вайн, директор на Издателската къща и нейния персонал за усилената им работа за осъществяване на публикуването на тази книга и се моля в името на Господ много хора, които я четат, да разрешат своя проблем с греха и да получат отговори на всички свои молитви!

Март 2009 г.
Джейрок Лий

Въведение

Тази книга, озаглавена За греха, правдата и съдбата, се състои от пет глави, посветени на всяка от темите за греха, правдата и съдбата. Тази книга описва подробно как човек може да намери разрешение на проблема с греха, как може да води благословен живот, като стане праведна личност и как може да избегне предстоящата съдба и вместо това да се радва на вечен живот.

Първата глава относно греха е наречена „Спасение". Тя обяснява защо хората трябва да бъдат спасени и истинското значение и начина за получаване на спасение. Главата, която следва - „Бащата, Синът и Светият дух", ръководи читателя към правилното разбиране за начина, по който Божията сила и власт, името на Исус Христос и ръководството на Светия дух действат заедно като Триединен Бог, за да може човек да получи ясно разрешение на проблема с греха и да върви по правилния път към спасение.

Главата, озаглавена „Дела на плътта", анализира и обяснява предметът на стената от грях, която е издигната между хората и Бога. Следващата глава, озаглавена „Получаване на плодове чрез разкаяние", обяснява значението на получаването на плодове чрез разкаяние, за да постигнем пълно спасение чрез Исус Христос.

Последната глава относно греха, озаглавена „Ненавиждайте злото, придържайте се към доброто", поучава читателя да отхвърли злото, което е дразнещо за Бога и да действа с добрина според Словото на истината.

След това, първата глава, разглеждаща правдата, „Праведност, която води до живот", изяснява как ние - цялото човечество - получаваме вечен живот чрез праведното дело на Исус Христос. В главата, озаглавена

„Праведните хора ще живеят с вяра", обяснява колко е важно да осъзнаем, че спасението може да бъде получено само чрез вяра и това е причината да придобием истинска вяра.

Глава 8, „В подчинението на Христос", обяснява, че хората трябва да прекратят плътските мисли и теории и просто да се подчинят на Христос, за да имат истинска вяра и да се радват на успешен живот, изпълнен с благословии и изпълнение на молитвите. Глава 9, „Този, когото Господ хвали", разглежда по-отблизо живота на различни патриарси на вярата, като учи читателя как трябва да действа човек, за да бъде похвален от Бог. Последната глава, посветена на правдата, е озаглавена „Благословия". Тя е разглеждане на живота и вярата на Авраам - бащата на вярата и семето на благословиите - последвано от някои практични съвети, според които един вярващ може да се радва на живот, изпълнен с благословии.

В първата глава относно съдбата, озаглавена „Грехът на неподчинението на Бог", разглежда последствията, които следват, когато хората извършват греха да се противопоставят на Бог. Следващата глава – „Ще залича хората от лицето на земята", описва съдбата на Бог, която следва, когато порочността на хората достигне своя лимит.

Главата, озаглавена „Не вървете срещу волята Му", казва на читателите, че Божието осъждане идва, когато човек се противопоставя на Божията воля, че трябва да осъзнаят каква голяма благословия е да се подчиняват на Божията воля и как да бъдат покорни на Бог. В главата, озаглавена „Така казва ГОСПОД на Домакините", авторът обяснява подробно как човек може да получи изцеление и отговори на молитвите. Той обяснява също колко е важно да станем праведни хора, които се страхуваме от Бог.

Последната глава, озаглавена „За греха, правдата и съдбата", описва начина за разрешаване на проблема с греха и превръщането ни в праведни хора; срещата с живия Бог; начина, по който да избегнем предстоящия Последен съд; и получаване на живот с вечни благословии.

Тази книга обяснява конкретни начини, по които ние, които сме приели Исус Христос и сме получили Светия дух, можем да получим спасение и вечен живот, отговори на молитвите и благословии. Моля се в името на Господ много хора чрез тази книга да станат праведни мъже и жени, които удовлетворяват Бога!

Март, 2009 г.
Джюмсан Вайн
Директор на издателската къща

Съдържание

Бележка на автора
Въведение

Част 1 За греха

Глава 1 Спасение · 3

Създателят Бог и човекът
Стената от грях между Бог и човека
Истинското значение на спасението
Начина за спасение
Провидението за спасение чрез Исус Христос

Глава 2 Бащата, Синът и Светия дух · 13

Кой е Бащата Бог?
Бащата Бог - върховният управител на човешката култивация
Кой е Синът, Исус Христос?
Спасителят Исус Христос
Кой е Светият Дух, Спасителят?
Делото на Светия дух, Спасителя
Триединният Бог изпълнява провидението за спасение

Глава 3 Дела на плътта · 27

Неща на плътта и дела на плътта
Дела на плътта, които не позволяват на хората да наследят Божието царство
Очевидни дела на плътта

Глава 4 „Получаване на плодове
чрез разкаяние" · 47

Вие, люпило на усойници
Получаване на плодове чрез разкаяние
Не предполагайте, че Авраам е Вашият баща
„Всяко дърво, което не ражда добри плодове, се отрязва и се хвърля в огъня"
Плодове чрез разкаяние
Хората, които са получили плодове чрез разкаяние

Глава 5 „Ненавиждайте злото,
придържайте се към доброто." · 63

Как злото се представя като грях
Да отхвърлим злото и да станем хора на добрината
Зло и развратно поколение, което желае грях
Формите на греха, които трябва да ненавиждаме

Речник 1

Част 2 За правдата

Глава 6 Праведност, която води до живот · 83

Праведност според мнението на Бога
Праведното дело, което спасява цялото човечество
Началото на правдата е вярата в Бог
Правдата на Исус Христос, на която трябва да подражаваме
Начинът да станем праведни хора
Благословиите за праведните

Глава 7 Праведните трябва да живеят с вяра · 97

Да станем наистина праведни хора
Защо трябва да станем праведни
Праведните трябва да живеят с вяра
Как да притежаваме духовна вяра
Начини да живеем с вяра

Глава 8 С подчинението на Христос · 109

Плътски мисли, които са враждебни към Бог
„Самодоволство" - една от основните плътски мисли
Апостол Павел поставил край на своите плътски мисли
Правдата, която идва от Бог
Саул не се подчинил на Бог с плътски мисли
Начинът за постигане на Божията праведност чрез вяра

Глава 9 Този, когото Господ хвали · 123

Този, когото Господ хвали
Да бъдем одобрени от Бог
Заковете Вашите страсти и желания на кръста
Патриарсите, които бяха праведни пред Бог

Глава 10 Благословия · 137

Авраам, Бащата на вярата
Бог счита вярата за праведност и дава Неговите благословии
Бог прави качествени съдове чрез изпитания
Бог подготвя изход, дори по време на изпитания
Бог благославя дори по време на изпитания
Качеството на съда на Авраам

Речник 2, 3

Част 3 За съдбата

Глава 11 Грехът на неподчинението на Бог · 155

Адам - човек, създаден по образ на Бога
Адам ял от забранения плод
Резултатът от греха на Адам да не се подчини на Бог
Причината, заради която Бог поставил дървото на доброто и злото
Начинът да се освободим от проклятието, причинено от греха
Резултатът от греха на Саул да не се подчини на Бог
Резултатът от греха на Каин да не се подчини на Бог

Глава 12 „Ще залича хората от лицето на земята" · 167

Разликата между порочния и добрия човек
Защо идва Божието осъждане
* Защото порочността на хората е голяма
* Защото мисълта на сърцето е порочна
* Защото всяко желание на сърцето винаги е порочно
Избягване на Божието правосъдие

Глава 13 Не вървете против волята Му · 179

Правосъдието идва, когато се противопоставяме на Божията воля
Хора, които се противопоставиха на Бога

Глава 14 „Така казва ГОСПОД на Домакините..." · 193

Бог отхвърля гордостта
Гордостта на цар Езекия
Гордостта на вярващите
Гордостта на фалшивите пророци
Осъждането на хората, които действат с гордост и порочност
Благословиите на праведните, които се страхуват от Бог

Глава 15 За грях, за правда и за съдба · 203

За греха
Защо Той осъжда за греха
За правдата
Защо Той осъжда за правдата
За правдата
Светият дух осъжда света
Отхвърлете греха и живейте праведно

Речник 4

За греха

„"...за грях, защото не вярват в Мене;"
(Йоан 16:9)

„Ако правиш добро, не ще ли бъде прието? Но ако не правиш добро, грехът лежи на вратата и към тебе се стреми; но ти трябва да го владееш." (Битие 4:7)

„„Само признай беззаконието си, че си станала престъпница против ГОСПОДА своя Бог, и безогледно си отивала при чужденците под всяко зелено дърво, и че не сте послушали гласа Ми", казва ГОСПОД." (Еремия 3:13)

„Истина ви казвам, че всичките грехове на човешкия род ще бъдат простени, и всичките хули с които биха богохулствували; но ако някой похули Светия Дух, за него няма прошка до века, но е виновен за вечен грях." (Марко 3:28-29)

„Но за да познаете, че Човешкият Син има власт на земята да прощава грехове, (рече на паралитика): Казвам ти: Стани, дигни постелката си, и иди у дома си." (Лука 5:24)

„По-после Исус го намери в храма и му рече: „Ето, ти си здрав; не съгрешавай вече, за да те не сполети нещо по-лошо."" (Йоан 5:14)

„Станало според записаното в Римляни 6:16: "Не знаете ли, че комуто предавате себе си като послушни слуги, слуги сте на оня, комуто се покорявате, било на греха, който докарва смърт, или на послушанието, което докарва правда?" (Римляни 6:16)

„Дечица мои, това ви пиша, за да не съгрешите; но ако съгреши някой, имаме ходатай при Отца, Исуса Христа праведния. Той е умилостивение за нашите грехове, и не само за нашите, но и за греховете на целия свят." (1 Йоаново 2:1-2)

Глава 1

Спасение

„И чрез никой друг няма спасение; защото няма под небето друго име дадено между човеците, чрез което трябва да се спасим."
(Деяния 4:12)

В този свят, зависещ от религията и културата, хората почитат всякакви видове различни идоли; има дори идол, наречен „бога, когото не познаваме". (Деяния 17:23). В днешно време привлича голямо внимание една религия, наречена „Нововъзникваща религия", създадена от смесица от доктрини на много религии и много хора са приели „религиозен плурализъм", който се основава на философията, че има спасение във всички религии. Въпреки това, Библията ни казва, че Създателят Бог е единственият истински Бог и че Исус Христос е единственият и един Спасител (Второзаконие 4:39; Йоан 14:6; Деяния 4:12).

Създателят Бог и човекът

Бог определено съществува. Така, както ние съществуваме, защото нашите родители са ни родили, човечеството съществува на този свят, защото Бог ни е създал.

Когато погледнем един малък часовник, виждаме, че малките части в него функционират заедно, за да посочат часа. Никой обаче няма да погледне часовника и да помисли, че се е появил сам. Дори и малкият часовник съществува на този свят, защото някой го е изобретил и създал. Какво да кажем тогава за вселената? Несравнима с малкия часовник, вселената е толкова сложна и обширна, че човешкият разум не може да измисли всички нейни мистерии или да възприеме мащабите й. Фактът, че слънчевата система, която е само една малка част от вселената, функционира толкова точно без ни най-малка грешка, прави много трудно да не вярваме в Божието творение.

Същото е и с човешкото тяло. Всички органи, клетки и много други елементи са подредени толкова съвършено и работят заедно така сложно, че тяхното разпределение и функциониране са истинско чудо. Въпреки това, всичко, което хората са открили за човешкото тяло, е само малка част от всичко, което може да бъде разкрито. Как можем тогава да кажем, че нещо, като човешката анатомия, е възникнало случайно?

Ще направя проста илюстрация, за да могат всички лесно да разберат. На лицето на един човек има две очи, един нос, две ноздри, една уста и две очи. Тяхното разпределение е такова, че очите са най-отгоре, носът е в центъра, устата е под носа и очите се намират от двете страни на лицето. Това винаги е така, независимо дали сме черни, бели или азиатци. Това е така не само за хората. Това е така за животни като лъвове, тигри, слонове, кучета и др., за птиците като орли и гълъби и дори за рибите.

Ако Теорията на Дарвин за еволюцията е вярна, животните, птиците и човешките същества трябва да се развиват различно едни от други според собствените си обкръжения. Защо е толкова сходен външният вид и разпределението на лицето? Това е съкрушителното доказателство, че единственият и един Създател Бог програмирал и създал всички нас. Фактът, че всички ние сме били създадени по един и същи образ, показва, че Създателят не са няколко същества, а едно същество.

Отначало бях атеист. Чух хората да казват, че ако ходи на църква, човек може да получи спасение. Въпреки това, аз дори не знаех какво беше спасение или как да го получа. Един ден стомахът ми се разстрои от прекалено пиене и накрая трябваше да прекарам следващите седем години болен и на легло. Всяка вечер майка ми изливаше вода в един съд, гледаше нагоре към Голямата мечка и със събрани длани на ръцете, тя се молеше и молеше за моето изцеление. Тя дори дари големи суми пари на Будисткия храм, но болестта ми само се влошаваше и влошаваше. От тази отчаяна ситуация не ме спаси Голямата мечка, нито Буда. Спаси ме Бог. В момента, в който майка ми чу, че се излекувах след като отидох на църква, тя изхвърли всичките си идоли и отиде на църква. Това бе, защото осъзна, че само Бог бе единственият истински Бог.

Стената от грях между Бог и човека

Защо хората не вярват в Него и не Го срещат, въпреки факта, че има толкова ясно доказателство за съществуването на Създателя Бог, който сътворил небесата и земята? Това е защото има стена от грях, която възпрепятства отношението между Бог и хората. Тъй като Създателят Бог е праведен и няма грехове, ако съгрешаваме, не можем да общуваме с Него.

Понякога има хора, които мислят: „Аз нямам грехове". Така както не можем да видим едно петно на ризата ни, ако стоим в тъмна стая, не можем да видим нашите грехове, ако стоим в мрака, който е неистината. Ето защо не можем да открием нашите грехове, ако казваме, че вярваме в Бог, но нашите духовни очи са все още затворени. Ние просто отиваме и се връщаме от църква, безсмислено. Какъв е резултатът? Ние ходим на църква в продължение на 10 или дори 20 години без да срещнем Бог и без да получим отговори на нито една от молитвите ни.

Богът на любовта иска да се срещне с нас, да говори с нас и да отговори на нашите молитви. Ето защо, Бог моли ревностно всеки един от нас: „Моля те, разруши стената от грях между теб и Мен, за да можем да споделяме свободно разговори с любов. Моля те, направи път за Мен, за да мога да отнема болката и страданието, които изпитваш сега."

Представете си, че едно малко дете се опитва да вкара

конец в ухото на една игла. Това е трудна задача за едно малко дете. Това обаче е сравнително лесна задача за родителя на детето. Независимо колко много родителят иска да помогне на детето, ако между двамата се издига огромна стена, родителят не може да помогне на своето дете. По подобен начин, ако между нас и Бог се издига огромна стена от грях, не можем да получим отговори на нашите молитви. Затова на първо място трябва да разрешим този проблем с греха и след това да получим спасение.

Истинското значение на спасението

В нашето общество, думата „спасение" се използва по много различни начини. Когато спасяваме давещ се човек или помагаме на някого да се възстанови от неуспешен бизнес, или да преодолее семейна криза, понякога казваме, че сме ги „спасили".

Какво означава според Библията „да бъдем спасени"? Според Библията това е освобождаването на човечеството от греха. По-конкретно, това означава да бъдат отведени в границите на мястото, където Бог иска да бъдат, където могат да получат разрешение на проблема с греха и да се радват на вечен живот на Небето. С прости духовни термини, пътят към Спасението е Исус Христос и къщата на спасението е Небето или Божието царство.

В Йоан 14:6, Исус казва: „Аз съм пътят, и истината, и животът; никой не дохожда при Отца, освен чрез Мене." Следователно, спасението означава да отидем на Небето чрез

Исус Христос.

Много хора проповядват и подчертават колко е важно да получим спасение. Защо се нуждаем от спасение? Това е, защото нашите духове са безсмъртни. Когато хората умират, душата и духът им се отделят от телата им и онези, които са получили спасение, отиват на Небето, а онези, които не са получили спасение, отиват в Ада. Небето е Божието царство, където има вечна радост и Адът е място на вечна болка и страдание, където се намира езерото, което гори с огън и жупел (Откровение 21:8).

Тъй като Небето и Адът са места, които наистина съществуват, има хора, които са ги виждали чрез видения и духовете на много хора наистина са ги посетили. Ако някой си мисли, че всички тези хора лъжат, той/тя просто не иска да повярва. Библията обяснява ясно за Небето и Ада и ние трябва да вярваме. Библията, за разлика от всяка друга книга, съдържа посланието за спасение - думите на Създателя Бог.

Библията записва създаването на човечеството и как Бог е работил досега.. Тя обяснява ясно пълния процес за начина, по който хората съгрешавали, станали порочни, очаквала ги вечна смърт, и как Бог ги спасил. Тя съдържа събития от миналото, настоящото, бъдещето и последното осъждане на Бог в края на времето.

Да, важно е да живеем спокойно без никакви проблеми на този свят. Въпреки това, в сравнение с Небето, животът на този свят е много кратък и временен. Десет години изглеждат дълго време, но когато погледнем назад, сякаш е било вчера. Същото е и с останалата част от времето ни на земята. Макар и човек да работи усилено и да спечели много неща, всички те ще изчезнат, когато завърши живота си на земята. За какво са нужни тогава?

Независимо колко печелим или притежаваме, не можем да го вземем с нас във вечния свят. Дори и да придобием слава и сила, когато умрем, всичко това накрая ще избледнее и ще бъде забравено.

Начин за спасение

Деяния 4:12, „И чрез никой друг няма спасение; защото няма под небето друго име дадено между човеците, чрез което трябва да се спасим." Библията ни казва, че Исус Христос е единственият Спасител, който може да ни спаси. Защо тогава спасението е възможно само в името на Исус Христос? Това е, защото трябва да бъде разрешен проблемът с греха. За да разберем това по-добре, нека да се върнем във времето на Адам и Ева, произходът на човечеството.

След създаване на Адам и Ева, Бог дал на Адам силата и славата да управлява над всичко сътворени неща. В продължение на дълго време, те живяли в изобилието на Райската градина до деня, в който попаднали в пъкления план на змията и яли от плода на знанието на доброто и злото. След като не се подчинили на Бог като яли от плода, който Бог им забранил да ядат, грехът навлязъл в тях (Битие 3:1-6).

Римляни 5:12 гласи: „Затова, както чрез един човек грехът влезе в света, и чрез греха смъртта, и по тоя начин смъртта мина във всичките човеци, понеже всички съгрешиха." Грехът дошъл на този свят заради Адам и всички хора започнали да съгрешават. В резултат на това, смъртта сполетяла цялото човечество.

Бог не спасил просто тези хора от греха без никакви условия. Римляни 5:18-19 гласи: „и тъй, както чрез едно прегрешение дойде осъждането на всичките човеци, така и чрез едно праведно дело дойде на всичките човеци оправданието, което докарва живот. Защото, както чрез непослушанието на единия човек станаха грешни мнозината, така и чрез послушанието на единия мнозината ще станат праведни."

Това означава, че така, както всички хора станали грешници заради греха на един човек, Адам, чрез подчинението на един човек, всички хора могат също да бъдат спасени. Бог е ръководителят на всички сътворени неща, но Той прави така, че всички неща да се случат в установен ред (1 Коринтяни 14:40); ето защо, Той подготвил един човек, който отговаря на всички изисквания да бъде Спасителят - и това бил Исус Христос.

Провидението за спасение чрез Исус Христос

Сред духовните закони има един закон, който гласи: „Защото заплатата на греха е смърт" (Римляни 6:23). От друга страна, има също закон за изкупление на човека от този грях. Това, което е свързано пряко с този духовен закон, е законът за изкупването на земята в Израел. Този закон позволява на едно лице да продава земя, но не за постоянно. Ако един човек е продал земята си поради икономическо затруднение, по всяко време някой друг от богатите му роднини може винаги да я изкупи обратно за него. В случай, че той няма богати роднини, които да направят това за него, той може винаги да я изкупи обратно ако и когато забогатее отново (Левит 25:23-25).

Същото се отнася за изкуплението на греха. Ако някой отговаря на изискванията да изкупи брат си от греха, той може да го направи. Който и да е това обаче, той трябва да плати цената за греха.

Както е записано в 1 Коринтяни 15:21: „Понеже, както чрез човека дойде смъртта, така чрез човека дойде възкресението на мъртвите", този, който може да ни спаси от греха, трябва да бъде човек. Ето защо Исус дошъл на този свят като човек от плът - като човек, който станал грешник.

Един човек, който има дългове, не е способен да плати дълговете на друг човек. По същия начин, един човек, който е грешен, не може да изкупи човечеството от греха. Един човек наследява не само физическите качества и личностните характеристики на своите родители, но и техните греховни натури. Ако едно чуждо дете седне в скута на една жена, собственото й дете става неспокойно и се опитва да го измести от майчиния скут. Макар и никой да не го е учил на това, ревността и завистта се проявяват естествено в него. Някои бебета започват да плачат неконтролируемо, когато са гладни и не са нахранени веднага. Това е заради греховната природа на гнева, която наследяват от своите родители. Тези видове греховни природи, които хората наследяват от своите родители чрез тяхната жизнена сила, се наричат „първороден грях". Всички потомци на Адам са родени с този първороден грях, затова никой от тях не може да изкупи други хора от греха им.

Въпреки това, Исус бил роден чрез зачеването от Светия дух, затова не наследил този първороден грях от своите родители. Освен това, Той спазвал всички закони докато растял; затова не извършил никакъв грях. Да нямаш грях по този начин в духовното царство означава сила.

Исус получил с радост наказанието да бъде разпънат на кръст, защото притежавал такава любов, с която не пощадил дори собствения Си живот, за да изкупи хората от греха. За да изкупи хората от проклятието на Закона, Той умрял на дървения кръст (Галатяни 3:13) и пролял ценната Си кръв, която не била опетнена с първороден грях или собствени грехове. Той платил за всички грехове на цялото човечество.

За да спаси грешниците, Бог не пощадил дори живота на Неговия единствен Син, за да умре на кръста. Това е голямата любов, която Той ни дарил. Исус доказал Неговата любов към нас, като пожертвал собствения Си живот, за да стане изкупителна жертва между нас и Бог. Освен Исус, няма никой друг с такава любов или със силата да ни изкупи от греха. Това са причините, заради които можем да получим спасение само чрез Исус Христос.

Глава 2

Бащата, Синът и Светият дух

„А Утешителят, Светият Дух, когото Отец ще изпрати в Мое име, той ще ви научи на всичко, и ще ви напомни всичко, което съм ви казал."
(Йоан 14:26)

Битие 1:26 гласи: „И Бог каза: Да създадем човека по Нашия образ, по Наше подобие..."" Тук „Нашия" означава Триединния Бог - Бащата, Сина и Светият дух. Въпреки че всяка от ролите на Бащата, Сина и Светия дух в създаването на човека и изпълнението на провидението за спасение е различна, и тримата са едно по произход.

Това е много важна доктрина на християнската вяра и тъй като това е тайното послание за произхода на Създателя Бог, трудно е да се разбере изцяло това понятие с ограничената човешка логика и познание. Въпреки това, за да разрешим проблема за греха и да получим пълно спасение, трябва да притежаваме правилното познание за Триединството на Бащата Бог, Сина Бог и Бог Светият дух. Само когато разбираме това, можем да се радваме напълно на благословията и разрешението да бъдем Божи деца.

Кой е Бащата Бог?

Преди всичко друго, Бог е Създателят на вселената. Битие глава 1 описва как Бог създал вселената. От пълната нищожност Бог създал небесата и земята за шест дни с Неговото слово. След това на шестия ден Бог създал Адам, бащата на човечеството. Само като видим реда и хармонията на всичко сътворено, можем да разберем, че Бог е жив и че има един Създател Бог.

Бог е всезнаещ. Бог е съвършен и знае всичко. Следователно, Той ни уведомява за бъдещи събития чрез пророчество с помощта на онези хора, които имат близко отношение с Него (Амос 3:7). Бог е също всезнаещ и може да направи всичко. Ето защо Библията описва всички безчетни знамения и чудеса, които не могат да бъдат постигнати чрез човешката сила и способност.

Също така, Бог съществува самостоятелно. В Изход, глава 3 е описана сцена, където Бог се явява на Моисей. В един горящ храст Бог го призовава да стане лидер на Изхода от Египет. Този път Той казва на Моисей, „АЗ СЪМ ОНЯ, КОЙТО СЪМ". Той обяснил една от Неговите характеристики, която е Неговото самостоятелно съществуване. Това означава, че никой не създал, нито родил Бог. Той съществувал самостоятелно от преди началото.

Бог е също авторът на Библията. Въпреки това, Създателят Бог превъзхожда много човека и е трудно да обясним напълно съществуването Му от човешка гледна точка. Това е защото Бог е безкрайно създание; следователно, хората не могат да знаят всичко за Него с ограничено познание.

В Библията виждаме, че Бащата Бог е наречен различно в зависимост от ситуацията. В Изход 6:3 е написано: „Явих се на Авраама, на Исаака и на Якова с името Бог Всемогъщи, но не им бях познат с името Си ИЕОВА." В Изход 15:3 четем: „ГОСПОД е силен Воевател; Името Му е ИЕОВА." Името „ИЕОВА" не само означава „Този, който съществува сам", но означава също единственият и истински Бог, който управлява всички нации на света и всичко на него.

Думата „Бог" се използва със значението, че Той остава с всяка раса, страна или лице, следователно това наименование се използва, за да покаже хуманността на Бог. Докато името „ГОСПОД" е по-широкото, по-известно име за Божеството, „Бог" е означението за хуманността на Бог, който има близко, духовно отношение с всеки отделен човек. Пример за това е „Богът на Авраам, Богът на Исаак и Богът на Яков".

Защо наричаме тогава този Бог „Бащата Бог"? Това е защото Бог не само е управител на цялата вселена и последният съдия; но най-вече, Той е върховният ръководител на планирането и изпълнението на култивацията на хората. Ако вярваме в този Бог, можем да Го наречем „Баща" и да изпитаме изумителната сила и благословия да бъдем Негови деца.

Бащата Бог: върховният ръководител на човешката култивация

Създателят Бог започнал човешката култивация, за да спечели истински деца, с които да споделя истинско взаимоотношение на обич. Така както има начало и край за всички създадени неща, има начало и край за земния живот на хората.

Откровение 20:11-15 гласи: „След това видях един голям бял престол и Онзи, Който седеше на него, от Чието лице побягнаха земята и небето, че не се намери място за тях. Видях и мъртвите големи и малки, стоящи пред престола; и едни книги се разгънаха; разгъна се и друга книга, която е книгата на живота; и мъртвите бидоха съдени според делата си по написаното в книгите. И морето предаде мъртвите, които бяха в него; и смъртта и адът предадоха мъртвите, които бяха в тях; и те бидоха съдени всеки според делата си. И смъртта и адът бидоха хвърлени в огненото езеро. Това - присъдата за в огненото езеро е втората смърт. И ако някой не се намери записан в книгата на живота, той биде хвърлен в огненото езеро."

Този стих е обяснение на присъдата на Великия бял трон. Когато култивацията на хората завърши тук на земята, Господ ще се върне във въздуха, за да вземе всички вярващи. Онези вярващи тогава, които живеят, ще бъдат издигнати във въздуха, където ще се извърши седем-годишното сватбено тържество. Докато сватбеното тържество се извършва във Въздуха, тук на земята ще има седем години страдание. След това Господ ще се върне на Земята и ще властва над нея в продължение на едно хилядолетие. След хилядолетието ще настъпи присъдата на Великия бял трон. По това време Божите деца, чиито имена са записани в книгата на живота, ще отидат на Небето и онези, чиито имена не са записани в книгата на живота, ще бъдат осъдени според своите дела и след това ще отидат в Ада.

Виждаме в Библията, че от момента, в който Бог създал хората, до сега, Бог ни обича по същия начин. Дори и след като Адам и Ева съгрешили и били изгонени от Райската градина, Бог ни позволява да научим за волята Му, Неговото провидение и нещата, които ще се случи чрез праведни хора като Нох, Авраам, Моисей, Давид и Данаил. Дори и днес Божията сила и присъствие все още са очевидни в живота ни. Той действа чрез онези хора, които истински Го познават и Го обичат.

От Стария завет виждаме, че Бог ни обича и ни учи как да не съгрешаваме и как да живеем в праведност. Той ни учи какво означава греха и праведността, за да избегнем осъждането. Той ни учи също, че като Го почитаме, трябва да оставим настрана някои празненства, за да направим пожертвувания за Него и да не забравяме живия Бог. Виждаме, че Той благословил онези, които вярвали в Него и на грешниците дал възможност да се откажат от греха - чрез наказание или по друг начин. Той използвал също Неговите пророци, за да разкрие волята Му и да ни научи да живеем в истината.

Въпреки това, хората не се подчинили, а продължили да съгрешават. За да разреши този проблем, Той изпратил Спасителя, Исус Христос, когото подготвил от времето преди вековете. По този начин открил пътя за спасение на всички хора чрез вярата.

Кой е Синът, Исус Христос?

Един човек, който е съгрешил, не може да изкупи греха на друг човек, затова бил необходим човек без никакъв грях. Ето защо Самият Бог трябвало да дойде на този свят като човек от плът и това бил Исус. Надницата за греха е смърт и Исус трябвало да бъде екзекутиран на кръста, за да изкупи греховете ни. Така е, защото няма опрощение на греховете без проливането на кръв (Левит 17:11; Евреи 9:22).

Според Божието провидение Исус умрял на дървен кръст, за да освободи човечеството от проклятието на закона. След като изкупил хората за греховете им, Той възкръснал от мъртвите на третия ден. Следователно всеки, който вярва в Исус Христос като свой Спасител, получава опрощение на греховете си и спасение. Подобно на Исус, който станал първия плод на възкресението, ние също ще възкръснем и ще отидем на Небето.

В Йоан 14:6 Исус казва: „Исус му казва: Аз съм пътят, и истината, и животът; никой не дохожда при Отца, освен чрез Мене." Исус е пътят, защото станал пътят за хората, за да отидат на Небето, където царува Бащата Бог; Той е истината, защото е Божието слово, който станал човек от плът и дошъл на този свят; и Той е животът, защото само чрез Него хората получават спасение и вечен живот.

Докато бил тук на земята, Исус спазвал изцяло Закона. В съответствие със законите на Израел, Той бил обрязан на осмия ден от Неговото раждане. Той живял с родителите Си до 30-годишна възраст и изпълнил всички Негови задължения. Исус нямал нито първородни, нито извършени грехове. Следователно в 1 Петрово 2:22 е записано за Исус: „...Който грях не е сторил, нито се е намерило лукавщина в устата Му."

Малко време след това, според Божията воля Исус започнал да пости в продължение на 40 дни преди да започне да изпълнява Неговото духовенство. Той казал на много хора за живия Бог и за евангелието на небесното царство и показвал Божията сила навсякъде, където отивал. Той ясно показал, че Бог е истинският бог и че Той е върховният надзирател на живота и смъртта.

Причината, заради която Исус дошъл на този свят, била да каже на цялото човечество за Бащата Бог, да унищожи врага дявол, да ни спаси от греха и да ни води по пътя на вечния живот. В Йоан 4:34 Исус казва: „Моята храна е да върша волята на Онзи, Който ме е пратил, и да върша Неговата работа."

Спасителят Исус Христос

Исус Христос не е просто един от четиримата най-велики философи, които светът е познавал някога. Той е Спасителят, който открил пътя за спасение за цялото човечество; следователно, Той не може да бъде поставен на същото ниво като хората, които са прости създания. Филипяни 2:6-7 гласи: „Който, като беше в Божия образ, пак не счете, че трябва твърдо да държи равенството с Бога, но се отказа от всичко, като взе на Себе Си образ на слуга и стана подобен на човеците. И, като се намери в човешки образ, смири Себе Си и стана послушен до смърт, даже смърт на кръст." Също така, поради тази причина, Бог много Го възхвалявал и Му дал името, което е над всяко име, за да може пред името на Исус да коленичат всички, които са на небето, на земята и под земята, и всеки да признае, че Исус Христос е Господ за славата на Бащата Бог."

Тъй като Исус се подчинил на Бог и пожертвал Себе Си в съответствие с Божията воля, Бог Го издигнал на най-високото място от дясната Му страна и Го нарекъл Цар на царете и Бог на боговете.

Кой е Светият Дух, Спасителят?

Когато Исус бил тук на този свят, Той трябвало да работи според ограниченията на времето и пространството, тъй като имал човешко тяло. Той разпространил евангелието в областите на Юдея, Самария и Галилея, но не бил способен да разпространи евангелието в по-отдалечени райони. Въпреки това, след като Исус възкръснал и се възнесъл на Небето, Той ни изпратил Светия дух, Помощника, който бил способен да дойде върху цялото човечество, преминавайки ограниченията на времето и пространството.

Дефиницията на „помощник" е: „пророк, който защитава, убеждава или помага на друг човек да осъзнае своите грешки", „съветник, който насърчава и укрепва друг човек".

Тъй като е свят и едно с Бога, Светият дух познава дори дълбочините на Божието сърце (1 Коринтяни 2:10). Така, както един грешник не може да види Бог, по същия начин Светият дух не може да живее в един грешник. Ето защо, преди Исус да ни изкупи като умрял на кръста и пролял кръвта Си за нас, Светият дух не можел да дойде в сърцата ни.

След като Исус умрял и възкръснал, проблемът с греха бил решен и всеки, който открива сърцето си и приема Исус Христос, може да получи Светия дух. Когато човек е оправдан чрез вярата, Бог му дава подаръка на Светия дух, за да може да обитава в неговото или нейното сърце. Светият дух ни ръководи и направлява и чрез Него можем да общуваме с Бог.

Защо тогава Бог дава на Неговите деца подаръка на Светия дух? Това е защото докато Светият дух не дойде в нас и не съживи духа ни - който е бил мъртъв заради греха на Адам - ние не можем да влезем или да живеем в истината. Когато вярваме в Исус Христос и получаваме Светия дух, Светият дух идва в нашите сърца и ни учи на Божите закони, които са Истината, за да живеем според тези закони и да обитаваме в истината.

Делото на Светия дух, Спасителят

Основното дело на Светия дух е делото да се родим отново. Чрез повторното раждане ние осъзнаваме Божите закони и се опитваме да ги спазваме. Ето защо, Исус казал: „Ако се не роди някой от вода и Дух, не може да влезе в Божието царство. Роденото от плътта е плът, а роденото от Духа е дух" (Йоан 3:5-6). Затова няма да получим спасение, ако не се родим отново от водата и Светия дух.

Тук водата се отнася за живата вода - Божието слово. Трябва да станем напълно пречистени и трансформирани чрез Божието слово или истината. Какво означава да се родите отново от Светия дух? Когато приемем Исус Христос, Бог ни дава подаръка на Светия дух и ни признава като Негови деца (Деяния 2:38). Божите деца, които приемат Светия дух, спазват Словото на истината и научават да отличават между доброто и злото. Когато се молят от все сърце, Бог им дава благоволението и силата да живеят според Неговото слово. Това означава да се родите отново от Светия дух. В зависимост от степента, в която Духът ражда дух за всеки човек, той или тя се трансформира чрез истината. В зависимост от степента, в която лицето се променя чрез истината, такава духовна вяра ще получи от Бога.

На второ място, Светият дух помага за нашите слабости и ходатайства в нашите неизговорими стенания, за да можем да се молим (Римляни 8:26). Той също така ни пречупва, за да направи по-добри съдове от нас. Както Исус казал: „А Утешителят, Светият Дух, когото Отец ще изпрати в Мое име, той ще ви научи на всичко, и ще ви напомни всичко, което съм ви казал" (Йоан 14:26), Светият дух ни ръководи в истината и ни учи за събитията, които ще настъпят в бъдеще (Йоан 16:13).

Освен това, когато изпълняваме желанията на Светия дух, Той ни позволява да получим плодове и духовни подаръци. Ето защо, ако получим Светия дух и действаме според истината, Той работи в нас, за да получим плодовете на любов, радост, мир, дълготърпение, благост, милост, милосърдие, вярност, кротост и себеобуздание (Галатяни 5:22-23). Не само това, Той дава също подаръци, които са полезни за нас в нашия духовен живот като вярващи, като думи с мъдрост, със знание, вяра, изцерителни дарби, извършване на чудеса, пророчество, разпознаване на духовете, различни видове езици и тълкуване на езици (1 Коринтяни 12:7-10).

Освен това, Духът също ни говори (Деяния 10:19), дава ни заповеди (Деяния 8:29) и понякога ни забранява да предприемаме действие, ако е в противоречие с Божията воля (Деяния 16:6).

Триединният Бог изпълнява провидението за спасение

Ето защо, Бащата, Синът и Светият дух били едно по произход. В началото този един Бог, съществуващ като Светлина с благозвучен глас, управлявал цялата вселена (Йоан 1:1; 1 Йоаново 1:5). Тогава в определен момент, за да спечели истински деца, с които да сподeля Неговата любов, Той започнал да планира провидението за човешката кутивация. Той разделил пространството, в което е намирал първоначално, на много пространства и започнал да съществува като Триединния Бог.

Синът Бог, Исус Христос, бил роден от първоначалния Бог (Деяния 13:33; Евреи 5:5) и Бог Светият дух също бил роден от първоначалния Бог (Йоан 15:26; Галатяни 4:6). Следователно, Бащата Бог, Синът Бог и Бог Светият дух - Триединният Бог изпълняват провидението за спасение на човечеството и ще продължат да го изпълняват заедно до деня на присъдата на Великия бял трон.

Когато Исус бил разпънат на кръста, Той не страдал Сам. Бащата Бог и Светият дух също изпитали болката с Него. Също така, когато Светият дух изпълнява Неговото духовенство, скърбейки и застъпвайки се за душите тук на земята, Бащата Бог и Господ също работят с Него.

Както е записано в 1 Йоаново 5:8: „Духът, водата и кръвта; и тия три са съгласни." Водата в духовен смисъл символизира проповядването на Божието слово, а кръвта в духовен смисъл символизира духовенството на Господ и проливането на кръвта Му на кръста. Работейки заедно в Своите духовенства, Триединният Бог представя доказателство за спасението на всички вярващи.

Също така, Матей 28:19 гласи: „Идете, прочее, научете всичките народи, и кръщавайте ги в името на Отца и Сина и Светия Дух." И 2 Коринтяни 13:14 гласи: „Благодатта на Господа Исуса Христа, и любовта на Бога и общението на Светия Дух да бъде с всички вас." Виждаме, че хората тук са покръстени и благословени в името на Триединния Бог.

По този начин, тъй като Бащата Бог, Синът Бог и Бог Светият дух имат една природа, едно сърце и един разум по произход, всяка от ролите Им в култивацията на хората се отличава по точен начин. Бог различил ясно периода на Стария завет, където Бащата Бог сам водил хората Си; периода на Новия завет, където Исус дошъл на този свят, за да стане Спасителят на човечеството; и последният период на благоволение, където Светият дух, Помощникът, извършва Неговото духовенство. Триединният Бог изпълнява Неговата воля във всеки от тези периоди.

Деяния 2:38 гласи: „А Петър им рече: Покайте се, и всеки от вас нека се кръсти в името Исус Христово за прощение на греховете ви; и ще приемете тоя дар, Светия Дух." Както е записано в 2 Коринтяни 1:22: „Който ни е запечатил, и е дал в сърцата ни Духа в залог", ако приемем Исус Христос и получим Светия дух, не само получаваме правото да станем Божи деца (Йоан 1:12), но можем също да получим ръководството на Светия дух, за да отхвърлим греха и да живеем в Светлината. Когато душата ни преуспява, всички неща преуспяват и получаваме благословията за духовно и физическо здраве. А след като отидем на Небето се радваме също на вечен живот!

Ако Бащата Бог съществуваше сам, не бихме могли да получим пълно спасение. Нуждаем се от Исус Христос, защото можем да отидем в Божието царство само ако се изчистим от греховете. Ако искаме да отхвърлим греховете и да приличаме на Бог, нужна ни е помощта на Светия дух. Тъй като Триединният Бог - Бащата, Синът и Светият дух - ни помага, можем да получим пълно спасение и да възхваляваме Бог.

Речник

Плът и дела на плътта

Терминът „плът" от духовна гледна точка е общ термин, който се отнася за неистината в нашите сърца, която се проявява външно чрез действията. Например, омраза, завист, изневяра, гордост и други подобни, проявяващи се в специфични действия, като насилие, злоупотреба, убийства и др. са наречени общо „плът" и всеки от тези грехове, когато са класифицирани по отделно, са наречени „дела на плътта".

Сладострастие на плътта, сладострастие на очите, самохвална гордост от живота

„Сладострастие на плътта" се отнася за природите, които карат хората да извършват грехове, следвайки желанията на плътта. Тези тенденции включват омраза, гордост, гняв, ленивост, изневяра и др. Когато тези греховни натури намерят определена среда, която ги провокира, започва да се проявява сладострастието на плътта. Например, ако някой притежава греховната природа да „осъжда и критикува" другите, той или тя ще се радва да чуе слухове и ще обича да клюкарства.

„Сладострастие на очите" се отнася за греховната природа, която кара един човек да желае неща на плътта, когато сърцето е провокирано от сетивата да вижда и чува чрез очите и ушите. Сладострастието на очите е стимулирано, когато виждаме и чуваме неща на този свят. Ако тези неща не са отхвърлени, а продължим да ги приемаме и влагаме, сладострастието на плътта се провокира и ние извършваме грях.

„Самохвална гордост от живота" се отнася за греховната природа в един човек, която го кара да изтъкне, като се хвали или надува, докато следва удоволствията на този свят. Ако един човек има тази греховна природа, той непрекъснато ще се стреми да спечели неща на този свят, за да изтъкне.

Глава 3

Дела на плътта

„А делата на плътта са явни; те са: блудство, нечистота, сладострастие, идолопоклонство, чародейство, вражди, разпри, ревнувания, ярости, партизанства, раздори, разцепления, зависти, пиянства, пирувания и тям подобни; за които ви предупреждавам, както ви и предупредих, че които вършат такива работи, няма да наследят Божието царство."
(Галатяни 5:19-21)

Дори християните, които са били вярващи от дълго време, може да не познават термина „дела на плътта". Така е, защото в много случаи църквите не учат конкретно за греха. Въпреки това, както е написано ясно в Матей 7:21: „Не всеки, който Ми казва: „Господи! Господи!", ще влезе в небесното царство, но който върши волята на Отца Ми, който е на небесата", ние трябва да знаем точно каква е Божията воля и определено трябва да знаем за греховете, които Бог мрази.

Бог не само нарича видимите грешни дела „грехове", но

Той счита също за грехове омразата, завистта, ревността, осъждането и/или критикуването на другите, грубостта, измамното сърце и т.н. Според Библията „Всичко, което не стана от убеждение" (Римляни 14:23), „Ако някой знае да прави добро и не го прави" (Яков 4:17), „не върша доброто, което желая; но злото, което не желая, него върша" (Римляни 7:19-20), дела на плътта (Галатяни 5:19-21), и неща на плътта (Римляни 8:5) са наречени „грехове".

Всички такива грехове от стената, която е издигната между нас и Бога, както е записано в Исая 59:1-3, „Ето, ръката на Господа не се е скъсила та да не може да спаси, Нито ухото Му отъпяло та да не може да чува. Но вашите беззакония са ви отлъчили от Бога ви, и вашите грехове са скрили лицето Му от вас, та не ще да чува. Защото ръцете ви са осквернени от кръв, И пръстите ви от беззаконие; Устните ви говорят лъжи; езикът ви мърмори нечестие."

Какви конкретни стени от грях са издигнати между нас и Бог?

Неща на плътта и дела на плътта

Обикновено, когато се отнасят за човешкото тяло, думите „тяло" и „плът" се използват с едно и също значение. Въпреки това, духовната дефиниция на „плътта" е различна. Галатяни 5:24 гласи: „А които са Исус Христови, разпнали са плътта заедно със страстите и похотите й." Това не означава, че ние буквално сме разпънали на кръст нашите тела.

Трябва да знаем духовното значение на думата „плът", за да разберем значението на горепосочения стих. Не всички употреби на думата „плът" имат духовно значение. Понякога се отнасят само за човешкото тяло. Ето защо трябва да познаваме този термин по-ясно, за да разберем кога думата се използва с духовното й значение и кога не.

Първоначално човек бил създаден с дух, душа и тяло и нямал грехове. Въпреки това, след като не спазил Божието слово, човекът станал грешник. И тъй като надницата за греха е смърт (Римляни 6:23), духът, който е господарят на хората, умрял. Човешкото тяло тогава станало нещо повърхностно, което с течение на времето накрая грохнало, изгнило и се превърнало в шепа пръст. Ето защо, човек съдържа греха в тялото си и чрез действията си съгрешава. От тук идва значението на думата „плът".

„Плътта" като духовен термин представлява комбинацията от греховни природи и човешкото тяло, от което излязла истината. Следователно, когато Библията говори за „плътта", това означава грехът, който още не се е проявил на действие, но може да бъде предизвикан по всяко време. Това включва греховни мисли и всички други видове грехове в тялото ни. Всички тези грехове, когато са етикетирани заедно, са наречени „неща на плътта".

С други думи, омразата, гордостта, гневът, осъждането, критикуването, изневярата, алчността и др., са наречени общо „плът" и всеки от тези грехове е наречен по отделно „нещо на плътта". Когато тези неща на плътта останат в сърцата на хората, в определени обстоятелства могат да се проявят външно като греховни действия. Например, ако сърцето на някого е измамно, това може да не е толкова очевидно в нормални обстоятелства, но ако човек е напрегнат в неблагоприятна или спешна ситуация, той или тя може да излъже друг човек чрез измамни думи или действия.

Греховете, които се проявяват по този начин, също са на

„плътта", но всеки от греховете, извършени на дело, е наречен „дело на плътта". Ако имате желание, например, да ударите някого, това „зложелателство" се счита за „нещо на плътта". А ако действително ударите някого, това тогава се счита за „дело на плътта".

Битие 6:3 гласи: „И тогава рече ГОСПОД: Духът който съм му дал не ще владее вечно в човека; в блуждаенето си той е плът." Бог посочва, че Той няма да се бори с хората завинаги и те се превърнали в плът. Означава ли това тогава, че Бог не е с нас? Не, не означава. Тъй като сме приели Исус Христос, получили сме Светия дух и сме родени отново като Божи деца, вече не сме хора на плътта.

Ако ние живеем според Божието слово и следваме ръководството на Светия дух, Духът поражда дух и ние се превръщаме в хора на духа. Бог, който е дух, обитава в онези, които се превръщат всеки ден в хора на духа. Въпреки това, Бог не обитава в онези хора, които казват, че вярват и продължават да съгрешават и да извършват дела на плътта. Библията посочва отново и отново как този вид хора не могат да получат спасение (Псалми 92:7; Матей 7:21; Римляни 6:23).

Дела на плътта, които не позволяват на хората да наследят Божието царство

Ако, след като живеем сред грехове, разберем, че сме грешници и приемем Исус Христос, ние се опитваме да не извършваме дела на плътта, които са очевидни „грехове". Да, Бог не е доволен от „неща на плътта", но „делата на плътта" са тези, които могат действително да не ни позволят да наследим Божието царство. Следователно, трябва да пробваме още повече да не извършваме дела на плътта.

1 Йоаново 3:4 гласи: „Всеки, който върши грях, върши и беззаконие, защото грехът е беззаконие." Тук „Всеки, който извършва грях" е всеки, който извършва дела на плътта. Също така, неправедността е беззаконие; следователно, ако сте неправедни, дори и да кажете, че вярвате, Библията предупреждава, че не можете да получите спасение.

1 Коринтяни 6:9-10 гласи: „Или не знаете, че неправедните няма да наследят Божието царство? Недейте се лъга. Нито блудниците, нито идолопоклонниците, нито прелюбодейците, нито малакийците, нито мъжеложниците, нито крадците, нито сребролюбците, нито пияниците, нито хулителите, нито грабителите няма да наследят Божието царство."

Матей, глава 13 обяснява точно какво ще се случи на такива хора в края на епохата: „Човешкият Син ще изпрати ангелите Си, които ще съберат от царството Му всичко що съблазнява, и ония, които вършат беззаконие, и ще ги хвърлят в огнената пещ; там ще бъде плач и скърцане със зъби." (стихове 41-42). Защо ще се случи това? Това е защото вместо да се опитват да отхвърлят греха, тези хора живеят с неистината на този свят. Ето защо, в Божите очи те не са „пшеница", а „плява".

Най-важното е да разберем какъв вид стена от грях сме изградили между Бог и нас, и трябва да унищожим тази стена. Едва след като разрешим този проблем с греха, Бог ще признае, че притежаваме вяра и ще пораснем и съзрем като „пшеница". Това е моментът, когато можем да получим отговори на нашите молитви и да изпитаме изцеление и благословии.

Очевидни дела на плътта

Тъй като делата на плътта се проявяват на действия, ясно виждаме покварения и порочен образ на извършения грях. Най-очевидните дела на плътта са неморалност, поквареност и сладострастие. Това са сексуални грехове и хората, които ги извършват, не могат да получат спасение. Ето защо, всеки, който извършва тези грехове, трябва бързо да се покае и да се откаже от тези пътища.

1) Неморалност, поквареност и сладострастие

Първо, „неморалност" се отнася за сексуалната неморалност. Това е когато нежененият мъж и неомъжената жена имат физическа връзка. В днешно време обществото ни е изпълнено с грях и сексуалните отношения преди брака станаха норма. Въпреки това, макар и двама души да възнамеряват да се оженят и да се обичат взаимно, това все още се счита за действие в неистината. В днешно време обаче хората дори не изпитват срам. Те дори не считат такова действие за грях. Това е защото чрез драми или филми, обществото превръща историите с незаконни връзки и отношения, които се отклоняват от истината, в „красиви любовни истории". Когато хората гледат и участват в такива видове драми и филми, способността им за лична преценка намалява и малко по малко хората стават напълно безчувствени към греха.

Сексуалната неморалност не е приемлива дори от етична или морална гледна точка. Колко по-неприемлива би била в очите на святия Бог? Ако двама души наистина се обичат, те трябва първо, чрез институцията на брака, да получат признание от Бог, от своите близки и роднини, и след това да напуснат своите родители и да станат една плът.

На второ място, сексуална неморалност е когато един семеен мъж или жена не пазят свят своя семеен обет. По-конкретно, това е, когато един съпруг или една съпруга започва връзка с някого, който не е неговия или нейният законен партньор. Въпреки това, освен изневярата, която възниква в отношението между хората, има също духовна изневяра, която често извършват. Това е, когато хората наричат себе си вярващи и продължават да почитат идоли или да се консултират с психолози или магьосници, или зависят от някакъв вид черна магия или злонамерени омагьосвания. Това представлява почитането на злите духове и демони.

В Числа, глава 25, докато синовете на Израел се намирали в Шитим, те не само извършвали неморалност с жените на Моав, но почитали също боговете им. В резултат на това, Божият гняв се излял над тях и 24 000 души умряли от чума за един ден. Ето защо, ако някой казва, че той или тя вярва в Бог и все още зависи от идоли и демони, това е действието на духовна изневяра и предателство спрямо Бог.

На следващо място, "поквареност" е когато една греховна природа отиде прекалено далеч и стане развратна. Например, когато едно изневеряващо сърце стигне прекалено далеч, един крадец може да изнасили майка и дъщеря едновременно. Когато ревността стигне прекалено далеч, тя също може да стане "поквареност". Например, ако един човек ревнува от друг човек до такава степен, че да нарисува неговия образ и да хвърля стрелички по картината или да я пробожда с игли, такива ненормални действия са проява на ревността и представляват "поквареност".

Преди човек да повярва в Бог, той или тя може да притежава греховните природи на омразата, ревността или изневярата в себе си. Поради първородния грях на Адам, всеки човек е роден с неистина, която е коренът на природата на всички хора. Когато тези греховни природи в един човек преминат определена граница, превишат ограниченията за морал и етика, и причиняват вреда и болка на друг човек, ние казваме, че са „покварени".

„Сладострастие" означава да търсим удоволствие в сладострастни неща, като сексуални желания или фантазии и извършването на всякакви видове неприлични действия, докато следваме тези похотливи желания. „Сладострастието" се отличава от „изневярата" по това, че човек води по-голяма част от ежедневния си живот, погълнат от мисли, думи или действия за изневяра. Например, сексуалните отношения с животни или хомосексуалните връзки - жена, извършваща недостойни действия с друга жена или мъж с друг мъж - или използването на сексуални играчки и др., всички те са порочни действия и представляват „сладострастие".

В съвременното общество хората казват, че хомосексуалните трябва да бъдат уважавани. Това обаче противоречи на Бог и здравия разум (Римляни 1:26-27). Също така не са приемливи от Бог мъжете, които считат себе си за жени или жените, които считат себе си за мъже или транссексуални (Второзаконие 22:5). Това противоречи на Божия ред за творението.

Когато обществото започне да се покварява заради греха, първото, което става непорядъчно, е моралът и етиката относно секса. В исторически план, при всяко покваряване на сексуалната култура на едно общество, това било последвано от Божията присъда. Содом,

Гомор и Помпей са много добри примери за това. Когато виждаме как сексуалната култура на нашето общество става непорядъчна в целия свят - до такава степен, че не може да бъде възстановена, знаем, че наближава Денят на Страшния съд.

2) Идолопоклонство, магьосничество и враждебност

„Идоли" може да се раздели на две главни категории. Първата е създаването на образ на бог, който няма форма, чрез придаването му на физически облик или създаването на някакво изображение, което да се почита. Хората искат неща, които могат да видят с очите си, да докоснат с ръце и да почувстват с тялото си. Ето защо хората използват дърво, камъни, стомана, злато или сребро, за да създадат изображения на хора, животни, птици или риби, за да ги почитат. Или им дават някакво име, като богът на слънцето, луната и звездите, и го почитат (Второзаконие 4:16-19). Това се нарича „идолопоклонство".

В Изход глава 32 виждаме, че когато Моисей се качил на планината Синай, за да получи Закона и не се върнал веднага, израилтяните направили златно теле и го почитали. Въпреки че станали свидетели на многобройни знамения и чудеса, те все още не вярвали и накрая започнали да почитат един идол. Виждайки това, Бог се разгневил и казал, че щял да ги унищожи. По онова време животът им бил пощаден, благодарение на ревностната молитва на Моисей. В резултат на това събитие, хората, които били над двадесет годишни по време на Изхода, не могли да отидат на Ханаанската земя и загинали в пустинята. От това виждаме колко много Бог мрази създаването на идоли, тяхното почитане или боготворене.

На второ място, ако има нещо, което обичаме повече от Бог, тогава това става идол. Колосяни 3:5-6 гласи: „Затова умъртвете природните си части, които действуват за земята: блудство, нечистота, страст, зла пощявка и сребролюбие, което е идолопоклонство. Поради които иде Божият гняв върху рода на непокорните."

Например, ако някой има алчност в сърцето си, той/тя може да обича материалните притежания повече от Бог и да не спазва свещен Божия ден, за да направи повече пари. Също така, ако един човек се опитва да задоволи алчността в сърцето си, като обича други хора или неща повече от Бог - като неговата съпруга, деца, слава, власт, познание, развлечение, телевизия, спорт, хоби или излизания на срещи - и не обича да се моли и да води ревностен духовен живот, това представлява идолопоклонство.

Само защото Бог ни казал да не извършваме идолопоклонство, ако някой попита: „Иска ли Бог да почитаме и да обичаме само Него?" и мисли, че Бог е егоистичен, той/тя има погрешно мнение. Бог не ни е казал да Го обичаме на първо място, за да бъде диктатор. Той е направил това, за да ни ръководи и да водим живот, който е достоен за хората. Ако един човек обича и боготвори други неща повече от Бог, той не може да изпълни своите задължения като човешко същество и не е способен да отхвърли греха от живота си.

На следващо място, речникът дефинира „магьосничеството" като „практиките или заклинанията на един човек, който трябва да използва свръхестествени способности или обаяния с помощта на злите духове; черната магия, вълшебството". В тази категория попада консултирането с шамани, екстрасенси и др. Някои хора ходят на шаман или екстрасенс, за да се консултират за детето си, което се подготвя за приемен изпит в колеж или за да разберат дали човекът, с когото са се сгодили, е правилният партньор. Също така, ако възникне проблем в семейството, те се опитват да намерят амулет или талисман за късмет. Въпреки това, децата на Бога никога не трябва да правят такива неща, защото ще предизвикат злите духове в живота им и това ще доведе до по-големи нещастия.

„Обаянията" и „заклинанията" представляват тактики за измама на другите, като съставянето на порочни планове за измама на някого или за да попадне в капан. От духовна гледна точка, „магьосничество" е действието да излъжеш друг човек чрез коварни заблуди. Ето защо тъмнината управлява във всички различни области на нашето общество днес.

„Враждебност" е чувство на негодувание или неприязън към някого и желанието за неговото или нейното разрушение. Ако изучавате внимателно сърцето на някого, който изпитва враждебност към друг човек, ще видите, че в действителност се дистанцира от него и го мрази, защото не го обича поради някаква причина или заради собствените си порочни емоции. Когато тези порочни емоции преминат определен лимит, те могат да породят действия, които да причинят вреда на другия човек, като разпространяване на клевети, клюки и злословия за него, и всякакви видове други злонамерени порочни дела.

В Самуил глава 16 виждаме, че веднага когато духът на ГОСПОД напуснал Саул, злите духове започнали да му пречат. Когато Давид свирил на арфа, Саул бил освежен и се чувствал добре, и злите духове го напуснали. Също така, Давид убил филистимския великан Голиат с прашка и камък и спасил нацията на Израел от криза, рискувайки живота си, за да бъде верен на Саул. Въпреки това, Саул се страхувал Давид да не отнеме царството му и в продължение на много години го преследвал, за да го убие. Накрая Бог се отказал от Саул. Божието слово ни казва да обичаме дори враговете си. Ето защо не трябва да имаме враждебни отношения с никого.

3) Раздор, ревност, изблици на гняв

„Раздор" има, когато хората поставят на първо място собствената си печалба и слава над другите и се борят за тях. Спорът обикновено започва от алчност и причинява конфликти, които водят до раздор между националните ръководители, членовете на политическа партия, членове на семейството, хората в една църква и във всички други междуличностни отношения.

В корейската история имаме пример на раздор между националните ръководители. Dae Won Goon, бащата на последния император на Династията Чосун и неговата снаха императрица Мионг Сунг оспорваха политическата власт помежду си с различни чуждестранни сили, които ги подкрепяха. Този спор продължи повече от десет години. Това доведе до национален хаос, който от своя страна причини въстание с военен метеж и дори преустройство на земеделците. Много политически ръководители бяха убити впоследствие и императрица Мионг Сунг също бе убита от ръцете на японските убийци. В крайна сметка, в резултат на този спор между основните национални ръководители,

Корея загуби своята независимост от японците.

Спорове може да има също между съпруг и съпруга или между родител и дете. Ако и двамата съпрузи искат другият да следва неговите/нейните желания, това може да предизвика раздор и дори да доведе до развод. Има дори случаи, когато съпрузите се съдят помежду си и стават доживотни врагове. Ако в църквата има раздор, започва делото на Сатаната и не позволява на църквата да расте и да поддържа правилното функциониране на всичките й отдели.

Когато четем в Библията, често виждаме сцени с конфликти и спорове. В 2 Царе 18:7 виждаме сина на Давид, Авесалом, да ръководи въстание срещу Давид, в резултат на което били убити двадесет хиляди души за един ден. Също така, след смъртта на Соломон, Израел бил разделен на северното царство на Израел и южното царство на Юдея и дори след това, раздорът и войната продължили. Особено в северното царство на Израел, короната непрекъснато била застрашена от раздор. Ето защо, като знаете, че раздорите водят до болка и унищожение, надявам се да търсите винаги ползата за другите и поддържането на мир.

На следващо място, „ревност" има, когато един човек се дистанцира от другите хора и ги мрази, защото им завижда, мислейки, че е по-добър от тях. Когато ревността порасне, тя може да се превърне в гняв, изпълнен със зло. Това може да причини раздори, които водят до спорове.

В Библията ще видите, че двете съпруги на Яков, Лия и Рахил, ревнували една от друга с Яков между двете (Битие, глава 30). Цар Саул завиждал на Давид, който получил по-голяма любов от хората (1 Царе 18:7-8). Каин завиждал на своя брат Авел и го убил (Битие 4:1-8). Завистта произлиза от злото в сърцето на един човек, което го кара да задоволи неговата или нейната алчност.

Най-лесният начин да откриете дали сте завистливи е да видите дали се чувствате неудобно, когато друг човек успява и се чувства добре. Възможно е да започнете да не харесвате този човек и да искате да вземете това, което има. Също така, ако някога се сравнявате с друг човек и се чувствате обезсърчени, завистта е в основата на този проблем. Когато този човек има сходна възраст, вяра, опит и среда или образование, тогава е още по-лесно да изпитате завист към него. Така, както Бог ни заповядал да „обичаме ближния си като нас самите", ако друг човек получи похвала, защото ни превъзхожда с нещо, Бог иска да се радваме за него. Той иска да се радваме, сякаш ние самите получаваме похвалата.

„Изблици на гняв" са прояви на гняв, които превишават вътрешното разгневяване и опитът да го сдържим. Често имат опустошителни резултати. Вие например се разгневявате лесно, когато нещо не е в съответствие с Вашето мнение или мисли и използвате насилие и дори убийство. Просто да бъдем разстроени и проявата на разстроеност не възпрепятства спасението; въпреки това, ако изпитвате греховната същност на гнева, можете да действате с изблици на гняв. Следователно, трябва да изкорените това зло и да го отхвърлите.

Това е случаят с цар Саул, който завиждал на Давид и постоянно се опитвал да го убие, само защото получил похвала от хората - похвала, която заслужавал! Има няколко места в Библията, където Саул показал изблици на гняв. Той веднъж хвърлил копие срещу Давид (1 Царе 18:11). Само защото град Ноб помогнал на Давид да избяга, Саул унищожил града. Това бил градът на свещениците и Саул не само убил мъжете, жените, децата и младежите, но убил дори говедата, магаретата и овцете (1 Царе 22:19). Ако се разгневим прекалено по този начин, ние натрупваме голямо количество грях.

4) Спорове, разногласия, разединения

„Споровете" карат хората да се разделят. Ако нещо не ги устройва, те формират обединения или групи. Това не се отнася само до хората, които са близки, споделят нещо общо или се срещат често. Това са враждебни групи, чиито членове клюкарстват, критикуват, осъждат и проклинат. Тези групи могат да се формират в едно семейство, в квартала и дори в църквата.

Ако например някой не харесва неговите или нейните духовници и започне да клюкарства за тях с кръг от хора, които имат същото мнение, тогава това е „синагога на Сатаната". Тъй като тези хора пречат на духовниците, като ги осъждат и критикуват, църквата, в която служат, не може да изпита обновление.

„Разногласия" означава създаването на група и отделянето на един човек от останалите, като следва собствената си воля и мисли. Пример за това е създаването на подразделение в църквата. Това е действие, което противоречи на добрата воля на Бог, тъй като е причинено от строго мнение, че мисленето на един човек е единственият правилен начин на мислене и всичко трябва да бъде направено така, че да е в негова полза.

Синът на Давид, Авесалом, предал и се разбунтувал срещу неговия баща (2 Царе глава 15), защото следвал своята алчност. По време на това недоволство, много израилтяни, дори Аристотел, съветник на Давид, взели страната на

Авесалом и предали Давид. Бог изоставя такива хора, които се ангажират с дела на плътта. Следователно, Авесалом и всички хора, които взели неговата страна, накрая били победени и имали нещастен край.

„Ерес" е действието на хората, отричащи Господ, който ги изкупил, причинявайки бързото им унищожение (2 Петрово 2:1). Исус Христос пролял Неговата кръв, за да ни спаси, докато сме живели сред грях, следователно е правилно да се каже, че ни изкупил с Неговата кръв. Ето защо, ако претендираме, че вярваме в Бог, но отричаме Светата Троица или отричаме Исус Христос, който ни изкупил с Неговата кръв, това е сякаш предизвикваме нашето унищожение.

Има времена, когато без да знаят истинската дефиниция на ерес, хората обвиняват и осъждат други хора в ерес, само защото са малко различни от тях. Това обаче е нещо много опасно и може да попадне в категорията на възпрепятстването на делото на Светия дух. Ако някой вярва в Триединния Бог - Бащата, Сина и Светият дух и не отрича Исус Христос, не можем да го осъдим в ерес.

5) Завист, убийства, пиянство, гуляи

„Завист" е ревност, представена с действия. Ревност означава да не одобряваме или да не харесваме другите, когато нещата вървят добре за тях, а завистта е по-нататъшна фаза, когато това неодобрение провокира някого да извърши действия, които причиняват вреда на другите. Завистта обикновено се среща по-често сред жените, но може да възникне също и сред мъжете и ако прогресира - да доведе до тежки грехове, като убийство. Дори и да не прерасне до убийство, тя може да доведе до заплашване или нараняване на друг човек или други порочни действия, като конспирация срещу друг човек или хора.

На следващо място е „пиянството". В Библията има сцена след осъждането с потопа, в която Ной пил вино, напил се и сгрешил. Пиянството на Ной накрая предизвикало да прокълне втория си син, който проявил своята слабост. Ефесяни 5:18 гласи: „И не се опивайте с вино, следствието от което е разврат, но изпълняйте се с Духа." Това означава, че пиянството е грях.

Причината, заради която в Библията пише за хора, пиещи вино, е че Израел има много пустинни зони и водата е доста оскъдна. Следователно, били разрешени алтернативни винени напитки от чист гроздов сок и други плодове с високо съдържание на захар (Второзаконие 14:26). Въпреки това, хората на Израел пили това вино вместо вода, но не достатъчно, за да се напият от него. В нашата държава в днешно време, където има изобилно количество вода за пиене, наистина нямаме нуждата да пием вино или алкохол.

В Библията виждаме, че Бог не искал вярващите да пият силни напитки, като вино (Левит 10:9; Римляни 14:21). Притчи 31:4-6 гласи: „Не е за царете, Лемуиле, не е за царете да пият вино, нито за князете да кажат: где е спиртното питие? Да не би, като се напият, да забравят закона и да онеправдаят угнетяваните. Давайте спиртно питие на оня, който загива и вино на огорчения духом."

Възможно е да кажете: „Не е ли добре да се пие достатъчно, но не толкова, че да се напиете?" Дори обаче да пиете малко, „Вие се напивате в известна степен". Вие пак сте пияни, макар и „малко". Когато се напивате, Вие загубвате самоконтрол и дори и обикновено да сте спокоен и любезен човек, може да станете раздразнителен, когато пиете. Някои хора започват да говорят необмислено и грубо или дори да правят сцена. Също така, тъй като напиването предизвиква липса на рационалност и благоразумие, някои хора могат да извършат всякакви видове грехове. Често срещано е да видим хора, които развалят здравето си с много пиене и хората, които стават алкохолици, причиняват болка не само на себе си, но и в живота на своите любими. В много случаи обаче, макар и хората да знаят колко вредно е пиенето, те не могат да спрат след като започнат и продължават да пият и да развалят живота си. Ето защо, „пиянството" е включено в списъка на „дела на плътта".

Няколко неща попадат в категорията на „гуляи". Ако някой е така завладян в пиене, хазарт, комар и други подобни, той не може да изпълнява своите отговорности като глава на семейството или да се грижи за едно дете като родител и Бог счита това за „гуляй". Също така, липсата на самоконтрол, търсенето на сексуални удоволствия и воденето на неморален начин на живот или какъвто искате живот, също попада в категорията на „гуляи".

Друг проблем в днешното общество е пристрастеността на хората към повърхностни луксозни продукти и марки, които ги карат да участват в „гуляи". Хората купуват дизайнерски чанти, дрехи, обувки и др., които могат да си позволят, използвайки своите кредитни карти и това води до големи задължения. Когато не могат да изплатят задълженията си, някои от тях извършват дори престъпления или самоубийство. Такъв е случаят с хората, които не могат да контролират своята алчност, участват в гуляи и след това трябва да понесат последствията.

6) И други подобни...

Бог ни казва, че има много други дела на плътта, освен горепосочените. Въпреки това, задавайки си въпроса "Как мога някога да се освободя от всички тези грехове?", не трябва да се отказваме от самото начало. Дори и да имате много грехове, ако решите в сърцето си и се стараете усилено, определено можете да се освободите от тези грехове. Като се опитвате да не извършвате дела на плътта, ако се стараете да правите добри дела и се молите непрекъснато, ще получите Божието благоволение и ще добиете силата да се промените. Това може да не е по силите на хората, но всичко е възможно с Божията сила (Марко 10:27).

Какво се случва, ако живеете като светските хора сред грехове и гуляи, макар и да сте чули и да знаете, че не можете да наследите Божието царство, ако продължавате да извършвате дела на плътта? Тогава сте хора на плътта, по-конкретно „пляваˮ и не можете да получите спасение. 1 Коринтяни 15:50 гласи: „А това казвам, братя, че плът и кръв не могат да наследят Божието царство, нито тленното наследява нетленното.ˮ Също така, 1 Йоаново 3:8 гласи: „Който върши грях, от дявола е; защото дяволът отначало съгрешава. Затова се яви Божият Син, да съсипе делата на дявола.ˮ

Трябва да запомним, че ако извършваме дела на плътта и стената от грях между Бога и нас продължава да се издига, тогава не можем да срещнем Бог, да получим отговори на нашите молитви или да наследим Божието царство, по-конкретно Небето.

Въпреки това, само защото сте приели Исус Христос и сте получили Светия дух, това не означава, че можете да прекратите всички дела на плътта наведнъж. С помощта на Светия дух обаче, трябва да се опитате да водите свят живот и да се молите с огъня на Светия дух. Тогава можете да отхвърлите делата на плътта едно по едно. Макар и все още да извършвате дела на плътта, от които не сте могли да се освободите напълно, ако правите всичко възможно, Бог няма да Ви нарича човек на плътта, а Негово дете, което е станало праведно чрез вярата и ще Ви води към спасение.

Това не означава обаче, че трябва да останете на нивото, при което продължавате да извършвате дела на плътта. Вие трябва да се опитвате да отхвърлите не само делата на плътта, които са видими външно, но трябва да се опитвате също да отхвърляте нещата на плътта, които не са видими. По времето на Стария завет било трудно да се отхвърлят нещата на плътта, защото Светият дух все още не бил дошъл и хората трябвало да правят това със свои сили. По времето на Новия завет обаче, ние можем да отхвърлим делата на плътта с помощта на Светия дух и да станем святи.

Това е защото Исус Христос вече ни е простил за всички грехове, като пролял кръвта Си на кръста и изпратил Светия дух, Помощника, за нас. Следователно се моля да получите помощта на Светия дух, да отхвърлите всички дела и неща на плътта и да бъдете признати като истинско дете на Бог.

Глава 4

„Затова, принасяйте плодове достойни за покаяние"

„Тогава излизаха при него Ерусалим, цяла Юдея и цялата Йорданска околност; и се кръщаваха от него в реката Йордан, като изповядваха греховете си. А като видя, че мнозина от фарисеите и садукеите идеха да се кръстят от него, рече им: Рожби ехиднини! кой ви предупреди да бягате от идещия гняв? Затова, принасяйте плодове достойни за покаяние; и не мислете да думате: Авраам е нашият баща; защото ви казвам, че Бог може и от тия камъни да въздигне чада на Авраама. А и брадвата лежи вече при корена на дърветата; и тъй всяко дърво, което не дава добър плод, отсича се и в огъня се хвърля."
(Матей 3:5-10)

Йоан бил пророк, който бил роден преди Исус и който „подготвил пътя за Господ". Йоан знаел целта на неговия живот. Ето защо, когато дошло времето, той старателно разпространил новините за Исус, идващия Месия. По онова време еврейските хора очаквали Месията, който да спаси нацията им. Ето защо Йоан извикал в пустинята на Юдея: „Покайте се понеже наближи небесното царство!" (Матей 3:2) Той покръстил с вода онези, които се разкаяли за греховете си и ги ръководил, за да приемат Исус за свой Спасител.

Матей 3:11-12 гласи: „Аз ви кръщавам с вода за покаяние; а Оня, който иде след мене, е по-силен от мене, комуто не съм достоен да поднеса обущата; Той ще ви кръсти със Светия Дух и с огън. Лопатата е в ръката Му, и Той здраво ще очисти гумното Си, и ще събере житото Си в житницата, а плявата ще изгори в неугасим огън." Йоан казвал на хората предварително, че Исус, Синът на Бога, който дошъл на този свят, е наш Спасител и накрая ще бъде наш Съдия.

Когато Йоан видял фарисеите и садукеите да идват, за да се покръстят, той ги нарекъл „рожби ехиднини" и ги наказал. Той направил това, защото не могли да получат спасение без да получат добрия плод на разкаянието. Ето защо, нека да разгледаме по-отблизо порицанието на Йоан, за да видим какви видове плодове трябва да имаме, за да получим спасение.

Вие, люпило на усойници

Както Фарисеите, така и Садукеите били течения на юдейството. Фарисеите обявявали себе си за онези, които били „отделени". Те вярвали във възкресението на праведните и в осъждането на порочните; те спазвали стриктно Закона на Моисей и традициите на старейшините. Следователно, имали висок статус в обществото.

От друга страна, садукеите били аристократични свещеници, които се интересували основно от храма и мненията и обичаите им се различавали от тези на фарисеите. Те подкрепяли политическата ситуация под Римското управление и не вярвали във възкресението, вечната природа на душата, ангелите и духовните същества. Те гледали дори на Божието царство като временно.

В Матей 3:7, Йоан Кръстител упрекнал Фарисеите и Садукеите, като казал: „Рожби ехиднини! Кой ви предупреди да бягате от идещия гняв?" Защо според Вас Йоан ги нарекъл „рожби ехиднини", когато считали себе си за вярващи в Бог?

Фарисеите и Садукеите претендирали, че вярват в Бог и преподавали Закона. Въпреки това, те не разпознали Божия Син, Исус. Ето защо, Матей 16:1-4 гласи: „Тогава фарисеите и садукеите дойдоха при Исуса, и, за да Го изпитат, поискаха Му да им покаже знамение от небето. А Той в отговор им рече: „Когато се свечери, думате - Времето ще бъде хубаво, защото небето се червенее." А сутрин: „Днес времето ще бъде лошо, защото небето се червенее намръщено." Вие знаете да разтълкувате лицето на небето, а знаменията на времената не можете! Зъл и прелюбодеен род иска знамение, но друго знамение няма да му се даде, освен знамението на (пророка) Иона. И остави ги и си отиде."

Също така, Матей 9:32-34 гласи: „И когато те излизаха, ето, доведоха при Него един ням човек, хванат от бяс. И след като бе изгонен бесът, немият проговори; и множествата се чудеха и думаха: Никога не се е виждало такова нещо в Израиля. А фарисеите казваха: Чрез началника на бесовете Той изгонва бесовете." Добрият човек ще се радва и ще възхвалява Бог, защото Исус изгонил един бяс. Фарисеите вместо това мразели Исус, осъждали Го и Го критикували, казвайки, че Той извършвал делото на дявола.

В Матей глава 12 намираме сцена, в която хората се

опитвали да намерят причина да обвинят Исус, като Го питали дали било правилно или погрешно да излекува някого в свещения ден. Познавайки намеренията им, Исус им дал примера с овцата, която паднала в един ров в свещения ден, за да им покаже, че е правилно да се извършва добро дело в свещения ден. След това излекувал един човек, чиято ръка била изсъхнала. Въпреки това, вместо да се поучат от това събитие, те заговорничили да се освободят от Исус. Те ревнували от Него, тъй като Исус правел неща, които те не могли да направят.

1 Йоаново 3:9-10 гласи: „Никой, който е роден от Бога, не върши грях, защото неговият зародиш пребъдва в Него; и не може да съгрешава, защото е роден от Бога. По това се разпознават Божиите чада и дяволските чада; никой, който не върши правда, не е от Бога, нито оня, който не люби брата си." Това означава, че един човек, който извършва грехове, не е от Бог.

Фарисеите и Садукеите претендирали, че вярват в Бог и въпреки това били изпълнени със зло. Те извършили неща на плътта, като ревност, омраза, гордост, осъждане и критикуване. Те извършили също други дела на плътта. Те се стремели единствено към спазването и формалността на Закона и търсели светската почит. Намирали се под влиянието на Сатаната, старата змия (Откровение 12:9) и когато Йоан Кръстител ги нарекъл „рожби ехиднини", имал предвид това.

Получаване на плодове чрез разкаяние

Ако ние сме деца на Бог, трябва да сме в светлината,

защото Бог е Светлина (1 Йоаново 1:5). Ако ние сме в тъмнината, която е в противоречие със Светлината, ние не сме деца на Бог. Ако не действаме в праведността, която е Божието Слово или ако не обичаме нашите братя във вярата, тогава не сме от Бога (1 Йоаново 3:10). Такива хора не могат да получат отговори на своите молитви. Те не могат да получат спасение и да изпитат Божието дело.

Йоан 8:44 гласи: „Вие сте от баща дявола, и желаете да вършите похотите на баща си. Той беше открай човекоубиец, и не устоя в истината; защото в него няма истина. Когато изговаря лъжа, от своите си говори, защото е лъжец, и на лъжата баща."

Заради неподчинението на Адам, всички хора се раждат като деца на врага дявол, който управлява тъмнината. Само онези, които получат опрощение чрез вярата в Исус Христос, са родени отново като Божи деца. Въпреки това, ако претендирате, че вярвате в Исус Христос и въпреки това сърцето Ви е изпълнено с грехове и злини, не можете да бъдете наречени истинско дете на Бог.

Ако искаме да станем деца на Бог и да получим спасение, трябва да се разкаем бързо за всичките ни дела и неща на плътта и да получим подходящ плод на разкаяние, като действаме според желанията на Светия Дух.

Не предполагайте, че Авраам е Вашият баща

След като казал на фарисеите и садукеите да получат плода чрез разкаяние, Йоан Кръстител продължил с думите: „И не мислете да думате: Авраам е нашият баща; защото ви казвам, че Бог може и от тия камъни да въздигне чада на Авраама." (Матей 3:9).

Какво е духовното значение на този стих? Потомъкът на Авраам трябва да прилича на Авраам. За разлика от Авраам обаче, бащата на вярата и човек на праведността, фарисеите и садукеите били изпълнени с беззаконие и неправедност в сърцата си. Като извършвали порочни действия и слушали дявола, те считали себе си за Божи деца. Ето защо Йоан ги упрекнал, сравнявайки ги с Авраам. Бог вижда основата на човешкото сърце, а не външния вид (1 Царе 16:7).

Римляни 9:6-8 гласи: „Обаче, не че е пропаднало Божието слово. Защото не всички ония са Израил, които са от Израиля;   7. нито са всички чада, понеже са Авраамово потомство, но: „В ИСААКА", КАЗА БОГ, „ЩЕ СЕ НАИМЕНУВА ТВОЕТО ПОТОМСТВО". Значи, не чадата, родени по плът, са Божии чада; но чадата, родени според обещанието се считат за потомство."

Бащата Авраам имал много синове; въпреки това, само потомците на Исаак станали истински потомци на Авраам - потомците на обещанието. Фарисеите и Садукеите били израилтяни по кръв, но за разлика от Авраам, те не спазвали Божието слово. Ето защо, в духовен смисъл не могли да бъдат признати за истински деца на Авраам.

По същия начин, само защото някой приема Исус Христос и ходи на църква не означава, че става автоматично дете на Бог. Дете на Бог означава човек, който е получил спасение чрез вярата. Освен това, да имаш вяра не означава само да слушаш Божието слово. Това означава да го прилагаш на действие. Не можем да бъдем наречени Божи деца, ако с устните си изповядваме, че сме негови деца, но сърцата ни са изпълнени с неправедност, която Бог ненавижда.

Ако Бог беше искал деца, които да действат със зло, като фарисеите и садукеите, Той щеше да избере за Негови деца безжизнени камъни, които се търкалят по земята. Това обаче не била Божията воля.

Бог искал да има истински деца, с които да споделя Неговата любов. Той искал деца като Авраам, който обичал Бог и спазвал напълно думите Му и който действал винаги воден от любов и добрина. Така е, защото хората, които не отхвърлят злото от сърцата си, не могат да осигурят истинска радост на Бог. Ако живеем като фарисеите и садукеите, спазвайки волята на дявола, вместо Божията воля, тогава Бог не е трябвало да се старае толкова, за да създаде хората и да ги култивира. Той можел също да вземе камъни и да ги превърне в потомци на Авраам!

„Всяко дърво, което не ражда добри плодове, се отрязва и се хвърля в огъня"

Йоан Кръстител казал на фарисеите и садукеите: „А и брадвата лежи вече при корена на дърветата; и тъй всяко дърво, което не дава добър плод, отсича се и в огъня се хвърля." (Матей 3:10). Това, което Йоан има предвид тук е, че всеки ще бъде съден според действията си, защото Божието слово е обявено. Ето защо, всяко дърво, което не дава добър плод - като фарисеите и садукеите - ще бъде хвърлено в огъня на Ада.

В Матей 7:17-21, Исус казал: „Също така, всяко добро дърво дава добри плодове, а лошото дърво дава лоши плодове. Не може добро дърво да дава лоши плодове; или лошо дърво да дава добри плодове. Всяко дърво, което не дава добър плод, отсича се и се хвърля в огън. И тъй, от плодовете им ще ги познаете. Не всеки, който Ми казва: Господи! Господи! ще влезе в небесното царство, но който върши волята на Отца Ми, който е на небесата."

Исус казал също в Йоан 15:5-6: „Аз съм лозата, вие сте пръчките; който пребъдва в Мене, и Аз в него, той дава много плод; защото, отделени от Мене, не можете да сторите нищо. Ако някой не пребъде в Мене, той бива изхвърлен навън като пръчка, и изсъхва; и събират ги та ги хвърлят в огъня, и те изгарят." Това означава, че децата на Бог, които действат според волята Му и дават добри плодове, ще отидат на Небето, а хората, които не правят това, са деца на дявола и ще бъдат захвърлени в огъня на Ада.

Когато Библията говори за Ада, често се използва думата „огън". Откровение 21:8 гласи: „А колкото за страхливите, невярващите, мръсните, убийците, блудниците, чародейците, идолопоклонниците и всичките лъжци, тяхната участ ще бъде в езерото, което гори с огън и жупел. Това е втората смърт." Първата смърт е, когато завърши физическият живот на един човек, а втората смърт е, когато душата или господарят на човека получи присъда и попадне във вечния огън на Ада, който никога не умира.

Адът се състои от езерото на огъня и езерото с горяща сяра или „жупел". Онези хора, които не вярват в Бог и онези, които претендират, че вярват в Него, но са неправедни и не дават плодовете на разкаянието, нямат нищо общо с Бог; следователно ще отидат в езерото на огъня в Ада. Хората, които са извършили нещо толкова лошо, че е човешки немислимо, противопоставили са се на Бог по сериозен начин или са действали като фалшив пророк и са причинили много хора да отидат в Ада, ще отидат в езерото с горяща сяра, което е седем пъти по-горещо от огненото езеро (Откровение 19:20).

Някои хора спорят, че след като получите Светия дух и името Ви е записано в Книгата на живота, ще бъдете спасени независимо от всичко. Това обаче не е вярно. Откровение 3:1 гласи: „Зная твоите дела, че на име си жив но си мъртъв." Откровение 3:5 гласи: „Който победи, ще се облече така в бели дрехи; и Аз никога няма да излича името му от книгата на живота, но ще изповядам името му пред Отца Си и пред Неговите ангели." „На име си жив" се отнася за онези, които са приели Исус Христос и имената им са записани в Книгата на живота. Въпреки това, този стих показва, че ако човек съгреши и върви по пътя на смъртта, името му може да бъде изтрито от книгата.

В Изход 32:32-33 виждаме сцена, в която Бог е ядосан на израилтяните и е на път да ги унищожи заради идолопоклонство. По онова време Моисей се застъпил от името на синовете на Израел като помолил Бог да им прости - дори и това да означавало да изтрие собственото си име от Книгата на живота. На това Бог отговорил: „Но Господ рече на Моисея: който е съгрешил против Мене, него ще залича от книгата Си." (Изход 32:33). Това означава, че дори и името Ви да е записано в книгата, то може да бъде изтрито, ако се отдръпнете от Бог.

В действителност има много места в Библията, които говорят за отделяне на пшеницата от плявата сред вярващите. Матей 3:12 гласи: „Лопатата е в ръката Му, и Той здраво ще очисти гумното Си, и ще събере житото Си в житницата, а плявата ще изгори в неугасим огън." Също така, Матей 13:49-

50 гласи: „Така ще бъде и при свършека на века; ангелите ще излязат и ще отлъчат нечестивите измежду праведните, и ще ги хвърлят в огнената пещ; там ще бъде плач и скърцане със зъби."

Тук „праведните" се отнася за вярващите, а „нечестивите измежду праведните" се отнася за онези, които претендират да са вярващи, но подобно на плявата, имат мъртва вяра, тоест вяра без действия. Тези хора ще бъдат захвърлени в огъня на Ада.

Плодове чрез разкаяние

Йоан Кръстител призовал хората не само да се разкаят, но в същото време да дадат плодове в покаянието си. Какви са плодовете в разкаянието? Това са плодовете на светлината, плодовете на Светия дух и плодовете на любовта, които са красивите плодове на истината.

Можем да прочетем за това в Галатяни 5:22-23: „А плодът на Духа е: любов, радост, мир, дълготърпение, благост, милост, милосърдие, вярност, кротост, себеобуздание; против такива неща няма закон." А Ефесяни 5:9 гласи: „Защото плодът на светлината се състои във всичко що е благо, право и истинно..." Нека да разгледаме деветте плода на Светия дух, които представят отлично тези „добри плодове".

Първият плод е любовта. 1 Коринтяни глава 13 ни казва какво е истинската любов: „Любовта дълго търпи и е милостива; любовта не завижда; любовта не се превъзнася, не се гордее, не безобразничи, не търси своето, не се раздразнява, не държи сметка за зло" (стихове 4-5). С други думи, истинската любов е духовна любов. Освен това, този тип любов е пожертвувателна любов, с която човек би могъл да даде дори живота си за Божието царство и Неговата праведност. Човек може да получи този вид любов, ако отхвърли греха, злото, беззаконието и стане очистен от грехове.

Вторият плод е радостта. Хората, които имат плода на радостта, могат да бъдат радостни не само когато нещата вървят добре, но се радват във всички обстоятелства и ситуации. Те винаги са щастливи с надеждата за Небето. Ето защо не се тревожат и независимо от проблемите им, те се молят с вяра и получават отговори на своите молитви. Тъй като вярват, че всемогъщият Бог е техен Баща, те могат да се радват винаги, да се молят непрекъснато и да благодарят във всички обстоятелства.

Мирът е третият плод. Човек с такъв плод не влиза в противоречие с никого. Такива хора не изпитват омраза, склонност към спорове или кавги, егоцентричност или себелюбие, затова поставят другите на първо място, жертват се за тях, служат им и се отнасят с тях с любезност. В резултат на това, винаги постигат мир.

Четвъртият плод е дълготърпение. Даването на плод означава да бъдем търпеливи в истината чрез разбиране и опрощение. Това не означава да "изглеждаме" търпеливи чрез потискане на гнева, който кипи отвътре. Това означава да отхвърлим злото, като гнева и яростта, и да запълним мястото им с добрина и истина. Това означава да бъдем способни да разберем всички хора и да ги приемем. Тъй като човек, който дава такъв плод, няма негативни чувства, няма нужда изобщо от думи като „опрощаване" и „да бъдем търпеливи". Не само че този плод принадлежи на отношенията между хората, но това означава също да човек да бъде търпелив към себе си, докато отхвърля злото от сърцето си и чака търпеливо молбите и исканията му към Бог да получат отговор.

Петият плод, благост, означава да проявим разбиране, когато нещо или някой са трудни за разбиране. Благост означава също да простим, когато е невъзможно да го направим. Ако имате егоцентрични мисли или ако мислите, че винаги сте прави, не можете да получите плода на благостта. Само когато се отречете от себе си, приемете всички неща с широко сърце и се грижите за другите хора с любов, можете наистина да разберете и простите.

Шестият плод е милост. Това означава да подражаваме на сърцето на Христос: сърце, което никога не спори и не е показно; смазана тръстика няма да пречупи, и замъждял фитил няма да угаси. Това е истинско сърце, което е отхвърлило всички грехове и търси винаги добрина в Светия дух.

Седмият плод е вярност. Това е да бъдем верни до смъртта - когато се борите срещу греха и го отхвърлите, за да постигнете истина в сърцето си. Това означава също да бъдете честни и верни, когато изпълнявате Вашите задължения в църквата, у дома, в работата или каквито и задължения да имате. Това означава да бъдете верни в цялото

„домакинство на Бог".

Осмият плод е кротост. Да имате плода на кротостта означава да имате сърце, което е меко като памук, което позволява на един човек да приеме всички видове хора. Ако постигнете добро сърце, независимо кой идва и се опитва да Ви обиди, няма да се почувствате обидени или наранени. Така както ако някой хвърли камък в голяма бала памук, памукът просто го обгръща и го покрива, ако получите плода на кротостта, можете да прегърнете и да предпазите много хора, които идват при Вас, търсейки място да си починат.

На последно място, ако получите плода на себеобузданието, можете да се радвате на стабилност във всички области на живота Ви. В живота, изпълнен с ред, можете да получите всички видове плодове в правилното време. Така можете да се радвате на красив и благословен живот.

Тъй като Бог иска да имаме такива красиви сърца, Той казва в Матей 5:14: „Вие сте виделината на света" и в стих 16: „...Също така нека свети вашата виделина пред човеците, за да виждат добрите ви дела, и да прославят вашия Отец, който е на небесата." Ако можем да получим плодовете на Светлината, които съответстват на разкаянието, като бъдем праведни в Светлината, животът ни ще е изпълнен с добрина, праведност и истина (Ефесяни 5:9).

Хората, които са получили плодове чрез разкаяние

Когато се покаем за нашите грехове и получим плода на разкаянието, Бог потвърждава нашата вяра и ни благославя, отговаряйки на молитвите ни. Бог е милостив, когато се разкайваме от все сърце.

По време на своето нещастие, Йов открил злото в сърцето си и се разкаял в прах и пепел. По това време Бог излекувал всички рани от циреите по тялото му и го благословил с два пъти по-голямо богатство от преди. Той го благословил също с деца, които били още по-красиви от онези, които имал преди (Йов, глава 42). Бог спасил Йона, когато се разкаял, докато се намирал в стомаха на голямата риба. Хората от Ниневия постили и се разкаяли след като получили предупреждението за Божия гняв, който щял да ги сполети заради греховете им и Бог им простил (Йона, глави 2-3). Бог казал на Езекия, 13ият цар на южното кралство на Юда: „Ще умреш и няма да живееш." Въпреки това, след като плакал от разкаяние, Бог удължил живота му с 15 години (2 Царе глава 20).

Ето защо, дори някой да извърши порочно дело, ако той или тя се разкае от все сърце и искрено се откаже от греха, Бог приема това разкаяние. Бог спасява Неговите хора, както е записано в Псалми 103:12: „Колкото отстои изток от запад, толкова е отдалечил от нас престъпленията ни."

В 2 Царе, глава 4 виждаме една изтъкната жена от Шунем, която служила предано на пророк Илия със своето гостоприемство. Макар и да не го поискала, тя получила сина, когото желала от дълго време. Тя не служила на Илия, за да получи благословия, а защото го обичала и се тревожела за Божия служител. Бог бил доволен от нейното добро дело и я благословил с благословията на зачеването.

Също така, в Деяния, глава 9, виждаме Тавита, последователка, която имала голям брой дела на благост и благотворителност. Когато се разболяла и умряла, Бог използвал Петър, за да я съживи. Бог иска много да отговори на молитвите на обичните деца, които получават красиви плодове, да им даде благоволение и благословии.

Ето защо, трябва да познаваме ясно Божията воля и да получим плодовете на разкаянието. Трябва да наподобяваме сърцето на нашия Господ и да бъдем праведни. Замисляйки се върху Божието слово, ако определена част от живота Ви не е в съответствие с Божието слово, моля се да с върнете отново при Него, да получите плодовете на Светия дух, плодовете на Светлината и плодовете на любовта, за да можете да получите отговори на всичките си молитви.

Речник

Разликата между греха и злото

„Грях" е всяко дело, което не съответства на вярата. Това означава да не постъпвате правилно, когато знаете как е правилно да постъпите. В по-широк смисъл, всичко, което няма нищо общо с вярата, е грях; следователно най-големият грях е да не вярваме на Исус Христос.

„Зло" е всичко, което е неприемливо според Божието слово, тоест, всичко, което е в противоречие с истината. Това са греховните природи, които се намират в сърцето. Ето защо, грехът е специфична, външна проява или видима форма на зло в сърцето на един човек. Злото е невидимо по природа; следователно грехът е установен в резултат на злото в човешкото сърце.

Какво е добрината?

Според определението в речника, добрина е „състоянието или качеството да бъдем добри, морално съвършенство, добродетел". Въпреки това, стандартът за добрина може да е различен, в зависимост от съзнанието на всеки човек. Следователно, абсолютният стандарт за добрина трябва да бъде намерен в словото на Бог, който е добрина. Ето защо, добрината е истина, а именно Божието слово. Това е Неговата воля и мисъл.

Глава 5

„Отвращавайте се от злото; А прилепявайте се към доброто."

„Любовта да бъде нелицемерна. Отвращавайте се от злото, а прилепявайте се към доброто."
(Римляни 12:9)

В днешното време и епоха виждаме злото да съществува в отношенията между родителите и техните деца, между съпрузи, между братя и сестри, и между съседи. Хората се съдят помежду си заради своето наследство и в някои случаи се предават взаимно заради собствената си полза. Това не само кара другите да им се мръщят, но и причинява големи страдания за тях. Ето защо Бог казал: „Въздържайте се от всякакво зло." (1 Солунци 5:22).

Светът нарича един човек „добър", когато той или тя морално е почтен и съвестен човек. Въпреки това има много случаи, когато дори „добрите" обноски и съзнание не са толкова добри според Божието слово. Освен това има случаи, когато в действителност противоречат на Божията воля. Единствената истина, която трябва да запомним тук е, че Божието слово и само Неговото слово е абсолютният стандарт за „добрина". Следователно всичко, което не съответства изцяло на Божието слово, е зло.

По какво се различават греха и злото? Тези две неща изглеждат сходни, но са различни. Например, ако използваме едно дърво като пример, злото е като корените, които са под земята и невидими, докато грехът е като видимите части на дървото, които са клоните, листата и плодовете. Така, както едно дърво може да живее, защото има корени, един човек съгрешава заради злото в него. Злото е една от природите на човешкото сърце и то обхваща всички характеристики и качества, които са в противоречие с Бог. Когато това зло намира израз като мисъл или действие, тогава се нарича „грях".

Как злото се представя като грях

Лука 6:45 гласи: „Добрият човек от доброто съкровище на сърцето си изнася доброто; а злият човек от злото си съкровище изнася злото; защото от онова, което препълва сърцето му, говорят неговите уста." Ако в сърцето съществува „омраза", тя се проявява под формата на „саркастични забележки", „груби думи" или други специфични грехове като тези. За да видим как злото, което е в сърцето, се проявява под формата на грях, нека да разгледаме отблизо Давид и Юда Искариотски.

Една нощ, докато цар Давид вървял по покрива на своя дворец, той видял една жена да се къпе и се изкушил. Извикал я и извършил прелюбодейство с нея. Тази жена била Ватшеба и по онова време съпругът ѝ Уриах, не бил там, защото заминал на война. Когато Давид разбрал, че Ватшеба била бременна, той планирал убийството на Уриах на фронта и взел Ватшеба за своя жена.

Разбира се, Давид само избрал Уриах да бъде в предните редици на фронта - в действителност не го убил и по онова време Давид като цар имал силата и властта да притежава колкото съпруги искал. Въпреки това, в сърцето си Давид наистина възнамерявал да убие Уриах. Ето защо, ако имате зло в определена част от сърцето си, можете да съгрешите по всяко време.

В резултат на този грях, синът, който Давид имал с Ватшеба, умрял и другият му син, Авесалом, накрая го предал и извършил изменничество срещу него. В резултат на това, Давид трябвало да избяга и Авесалом извършил отвратителното действие да спи с държанките на баща му пред народа му посред бял ден. Поради това събитие, много хора в царството загинали, включително Авесалом. Грехът на изневярата и убийството причинил голямо нещастие за Давид и неговия народ.

Юда Искариотски, един от дванадесетте ученика на Исус, е основен пример на предателство. По време на 3-годишния период, който прекарал с Исус, той видял всякакви видове чудеса, които могли да се случат само с Божията сила. Той се грижил за торбата с пари сред учениците и му било трудно да отстрани алчността от сърцето си, затова от време на време вземал пари от торбата и ги използвал за собствените си нужди. Алчността му накрая го подтикнала да предаде своя учител и собствената му вина го накарала да се обеси.

Ето защо, ако имате зло в сърцето си, Вие никога не знаете в каква форма или вид ще се прояви това зло. Дори и това да е малка форма на злото, ако то се разрасне, Сатаната ще работи чрез него, за да извършите грях, където Вие сами не можете да го избегнете. Накрая можете да предадете друг човек или дори Бог. Този вид зло причинява болка и страдание за Вас и за хората около Вас. Това е причината, заради която трябва да мразите това, което е зло и да отхвърлите дори най-малката форма на злото. Ако мразите злото, ще се отдалечите естествено от него, няма да мислите за него и няма да го извършите. Ще правите само добро. Ето защо Бог казал да мразим това, което е зло.

Причината, заради която ни сполетяват болести, проверки, изпитания и нещастия е защото сме извършили дела на плътта, като сме позволили на злото в сърцата ни да се прояви външно като грях. Ако не контролираме сърцата си и извършваме дела на плътта, ние не сме по-различни от животните в Божите очи. Ако случаят е такъв, Бог ще се разгневи и ще ни накаже, за да бъдем отново като хора, а не като животни.

Да отхвърлим злото и да станем хора на добрината

Изпитанията и нещастията не идват само заради мислите на неистината или нещата на плътта, които съществуват в сърцето. Мислите могат да се превърнат в дела на плътта (греховни действия) по всяко време и затова трябва да се освободим от нещата на плътта.

Преди всичко, ако човек не вярва в Бог, дори и след като види чудеса, показани от Него, това е зло сред всички злини. В Матей 11:20-24, Исус осъдил градовете, в които били направени повечето от Неговите чудеса, защото не се разкаяли. На Хоразин и Витсаида Исус казал: „Горко ти" и предупредил: „на Тир и Сидон наказанието ще бъде по-леко в съдния ден, отколкото на вас." На Капернаум казал, „В същия ден наказанието на содомската земя ще бъде по-леко отколкото на тебе."

Тир и Сидон се отнасят за два града на вярващите. Витсаида и Хоразин са израелски градове на север от Галилейско море. Витсаида е също роден град на трима от учениците: Петър, Андрей и Филип. Това е мястото, където Исус отворил очите на един сляп човек и където изпълнил голямото чудо с две риби и пет самуна хляб, с които нахранил 5000 души. Тъй като станали свидетели на чудеса, които им дали повече от достатъчно доказателства, за да повярват в Исус, трябвало да следват, да се разкаят и да отхвърлят злото от сърцата си според Неговите учения. Те обаче не направили това. Затова били наказани.

Същото се отнася и за нас днес. Ако един човек стане свидетел на знамения и чудеса, изпълнени от един човек на Бога и той или тя все още не вярва в Бога, а вместо това осъжда и критикува ситуацията или Божия човек, тогава човекът представя доказателство, че има зло в сърцето си. Защо не могат хората да повярват? Защото трябва да се подчинят и да отхвърлят неща на плътта, но те не правят това. Вместо това извършват дела на плътта и съгрешават. Колкото повече грехове извършват, толкова по-коравосърдечни и груби стават сърцата им. Съзнанията им стават с притъпена чувствителност и накрая ни дамгосват с горещо желязо.

Макар и Бог да показва чудеса, които да видят, такива хора не са способни да получат разбиране и вяра. Тъй като няма разбиране, те не могат да се покаят и тъй като не се разкайват, не могат да приемат Исус Христос. Същото е когато човек краде. В началото човек се страхува да открадне дори малък предмет, но след като повтори действието няколко пъти, той не изпитва никакво угризение на съвестта след кражбата на голям предмет, защото сърцето му е станало коравосърдечно в този процес.

Ако обичаме Бог, трябва да ненавиждаме злото и да правим това, което е добро. За да направим това, трябва първо да спрем да извършваме дела на плътта и да отхвърлим всички неща на плътта и от сърцето си.

Когато сме в процес на отхвърляне на греха и злото, можем да се свържем с Бог и да получим Неговата любов (1 Йоаново 1:7, 3:9). Лицата ни ще отразяват винаги радост и благодарност, ще можем да бъдем излекувани от всякакви видове болести и да получаваме разрешения на всички проблеми, които имаме в нашите семейства, работата, бизнеса и т.н.

Зло и развратно поколение, което желае грях

В Матей 12:38-39 виждаме някои от писарите и фарисеите, изискващи Исус да им покаже знамение. Исус им казал тогава, че едно порочно и развратно поколение иска да види знамение. Например, има хора, които казват: „Ако ми покажеш Бог, ще повярвам" или „Ако съживиш мъртъв човек, ще повярвам." Тези хора не казват това с невинно сърце, което наистина иска да повярва. Те казват това със съмнение.

Тази тенденция да не вярват в истината или склонността да изолират, или да се съмняват в някого, който е по-добър от тях, или желанието да отхвърлят нещо, което не съответства на собственото им мислене или мнение, всичко това произлиза от духовно развратна природа. Отказвайки да повярват, хората, които искали да видят знамение, заговорничили и се опитвали да намерят някакъв недостатък на Исус, за да Го отрекат и осъдят.

Колкото по-лицемерни, арогантни и себелюбиви са хората, толкова по-развратно е това поколение. С напредъка на цивилизацията в днешно време, все повече хора искат да видят знамения. Въпреки това, има много хора, които виждат знамения и пак не вярват! Нищо чудно, че това поколение е порицано като порочно и развратно!

Ако мразите злото, няма да извършвате злини. Ако тялото Ви е покрито с изпражнения, ще го измиете. Греховете и злините, които покваряват душата и я водят по пътя на смъртта, са дори по-мръсни, по-миризливи и по-грозни от изпражненията. Не можем да сравняваме мръсотията на греховете с тази на изпражненията.

Какъв вид пороци трябва да мразим? В Матей, глава 23, Исус порицава писарите и фарисеите, като казва, „Горко вам..." Той използва думите „Горко вам", които означават, че няма да получат спасение. Ще разделим причините на седем категории и ще ги разгледаме по-подробно.

Формите на греха, които трябва да ненавиждаме

1. Затваряне на вратата на Небето, за да не влязат други хора

В Матей 23:13, Исус казва: „Но горко вам книжници и фарисеи, лицемери! защото затваряте небесното царство пред човеците, понеже сами вие не влизате, нито влизащите оставяте да влязат."

Писарите и фарисеите познавали и записали Божите думи, и действали, сякаш ги спазвали. Сърцата им обаче станали коравосърдечни и те вършили Божието дело повърхностно - затова били порицани. Въпреки че привидно били святи, сърцата им били изпълнени с беззаконие и зло. Когато видели Исус да извършва чудеса, които били невъзможни за хората, вместо да признаят кой бил Той и да се радват, те измислили всякакви видове планове, за да Му се противопоставят. Те дори ръководили смъртта Му.

Това е вярно и за хората в тази епоха. Хората, които претендират, че вярват в Исус Христос, но не водят образцов живот, попадат в тази категория. Ако вие правите така, че някой да каже: „Не искам да вярвам в Исус заради хора като теб", вие сте човекът, който затваря вратата на небесното царство за хората. Не само, че вие не отивате на Небето, но и не позволявате на другите да отидат.

Хората, които претендират, че вярват в Бог, но продължават да водят светски живот, също са порицани от Исус. Как може християните в една църква да се доверят или да уважават един човек с църковна длъжност, който учи другите, ако покаже омраза, гняв или действа в неподчинение? Най-вероятно ще бъдат разочаровани и може дори да загубят вярата си. Ако сред невярващите има такива, чиито съпруги или съпрузи се опитват да израснат във вярата си и те ги преследват или принуждават да вършат зло и да съгрешават, те също ще бъдат упрекнати с „Горко вам".

2. Когато човек стане прозелит, като бъде два пъти повече син на Ада от Вас

В Матей 23:15, Исус казва: „Горко вам, книжници и фарисеи, лицемери! защото море и суша обикаляте за да направите един прозелит; и когато стане такъв, правите го рожба на пъкъла два пъти повече от вас."

Има стара приказка, че една снаха, която е получила лошо отношение от своята свекърва, ще се държи лошо с нейната снаха. Това, което човек вижда и изпитва, се записва в паметта му и в последствие той действа според опита си.

Затова е много важно какво учите и от кого го учите. Ако научите за християнството от писарите и фарисеите, тогава подобно на слепите, които водят други слепци, Вие ще изпаднете в порочност с тях.

Например, ако един човек винаги осъжда и критикува другите, клюкарства и говори негативно, вярващите, които се учат от него, също ще бъдат опетнени от действията му и заедно ще тръгнат по пътя на смъртта. Децата в обществото, които израстват в домове, в които родителите постоянно се бият и мразят взаимно, има по-голяма вероятност да се отклонят от правия път от децата, които растат в спокойни семейства.

Ето защо, родителите, учителите и други ръководители трябва да дават по-добри примери, преди всички останали. Ако думите и действията на такива хора не са примерни, те наистина могат да накарат другите да се отклонят от правия път. Дори и в църквата има случаи, когато един служител или ръководител не е добър образец и възпрепятства обновяването или израстването на своята малка група, отдел или организация. Трябва да осъзнаем, че ако правим това, причиняваме не само на себе си, но и на другите да станем синове на Ада.

3. Представяне на Божията воля по грешен начин поради алчност и лицемерие

В Матей 23:16-22, Исус казва: „Горко вам слепи водители! които казвате: Ако някой се закълне в храма, не е нищо; но ако някой се закълне в златото на храма задължава се." Безумни и слепи! Че кое е по-голямо, златото ли или храмът, който е осветил златото? Казвате още: Ако някой се закълне в олтара, не е нищо, но ако някой се закълне в дара, който е върху него, задължава се. [Безумни и] слепи! че кое е по-голямо, дарът ли, или олтарът, който освещава дара? Прочее, който се кълне в олтара, заклева се в него и във всичко що е върху него. И който се кълне в храма, заклева се в него и в Онзи, който обитава в него. И който се кълне в небето, заклева се в Божия престол и в Онзи, Който седи на него."

Това послание е порицание за онези, които учат погрешно Божията воля, водени от алчност, измама и себелюбие в сърцата си. Ако някой направи обет или обещание на Бог, учителите трябва да му кажат да спазва това обещание, но учителите казвали на хората да пренебрегнат това и да изпълнят само направените от тях обещания, които са свързани с пари или материални притежания. Ако един проповедник не учи хората да живеят в истината и обръща внимание само на даренията, тогава той е ръководител, който е ослепял.

Преди всичко друго, един ръководител трябва да учи хората да се покаят за греховете си, да култивират праведността на Бог и следователно да отидат на небесното царство. Даването на обет в храма, пред Исус Христос, олтара и Небесния трон е едно и също, затова трябва да спазим този обет.

4. Пренебрегване на важните условия на Закона

В Матей 23:23-24, Исус казва: „Горко вам книжници и фарисеи, лицемери! Защото давате десетък от гьозума, копъра и кимиона, а сте пренебрегнали по-важните неща на закона - правосъдието, милостта и верността, но тия трябва да правите, а ония да не пренебрегвате. Слепи водители! които прецеждате комара, а камилата поглъщате."

Един човек, който вярва истински в Бог, ще дава

всички десятъци. Ако даваме всички десятъци, ние получаваме благословии, но ако не го правим, ние крадем от Бога (Малахия 3:8-10). Да, писарите и фарисеите дават своите десятъци; но Исус ги упрекнал, че пренебрегвали правосъдието, снизхождението и предаността. Какво означава да пренебрегнем правосъдието, снизхождението и предаността?

„Правосъдието" означава да отхвърлим греха, да живеем според Божието слово и да Му се подчиняваме с вяра. Да бъдем „покорни" според светските стандарти означава да се подчиняваме и да правим нещо, на което сме способни. Въпреки това, да бъдеш „покорен" според истината означава да бъдеш способен да се подчиняваш и да правиш нещата, които изглеждат абсолютно невъзможни за извършване.

Пророците в Библията, които били признати от Бог, изпълнили думите Му с вяра. Те разделили Червено море, унищожили стената на Йерихон и спрели течението на река Йордан. Тези неща никога нямало да се случат, ако те разсъждавали с човешки мисли. Въпреки това, те се подчинили на Бог с вярата и ги направили възможни.

„Снизхождение" означава да изпълните всичките си задължения като хора във всички аспекти от живота Ви. На този свят има основни морални и етични норми, които трябва да спазваме, за да бъдем хора. Тези стандарти обаче не са перфектни. Дори и един човек привидно да изглежда културен и изискан, ако в него има порочност, не можем да кажем, че той наистина е изискан. За да водим наистина праведен живот, ние трябва да спазваме всички задължения на хората, което означава да изпълняваме Божите заповеди (Еклесиаст 12:13).

„Преданост" означава да участваме в Божествената природа на Господ чрез вярата (2 Петрово 1:4). Божията цел в създаването на небесата и земята, всички неща на тях, както и хората, е да спечели истински деца, които отразяват сърцето Му. Бог ни казал да бъдем праведни, както Той е праведен и да бъдем съвършени, както Той е съвършен. Ние не трябва просто да изглеждаме святи. Само чрез отхвърляне на злото от сърцата ни и пълно спазване на Неговите заповеди можем да участваме истински в Божествената природа на Бог.

Въпреки това, писарите и фарисеите от времето на Исус пренебрегнали правосъдието, снизхождението и праведността, и се съсредоточи само върху даренията и пожертвуванията. Бог е много по-удовлетворен от едно разкайващо се сърце, отколкото от пожертвувания, предложени с неправедни сърца (Псалми 51:16-17). Въпреки това, те учили нещо, което не отговаряло на Божията воля. Един човек, който обучава, трябва първо да посочи греховете на хората, да им помогне да се разкаят и да ги ръководи, за да бъдат в мир с Бога. След това трябва да ги научи за отдаването на десятъци, правилата на боготворенето, молитвата и др., докато постигнат пълно спасение.

5. Поддържане на приличен външен вид, докато отвътре са изпълнени с желание за кражба и задоволяване на личните страсти

В Матей 23:25-26, Исус казва: „Горко вам, книжници и фарисеи, лицемери! Защото чистите външността на чашата и блюдото, а отвътре те са пълни с грабеж и насилие. Слепи фарисеино! Очисти първо вътрешността на чашата и блюдото, за да бъде и външността им чиста."

Чистата стъклена чаша изглежда прозрачна и красива. В зависимост от това обаче какво слагате в чашата, тя може да блести по-красиво или да се зацапа. Ако бъде напълнена с мръсна вода, ще се превърне само в мръсна чаша. По същия начин, дори и някой да претендира външно, че е човек на Бога, ако сърцето му е изпълнено със зло, Бог, който вижда сърцето, ще види всички пороци в него и ще го счита за греховно.

В човешките отношения също, независимо колко чист, добре облечен и образован изглежда привидно един човек, ако разберем, че е изпълнен с омраза, завист, ревност и всякакви видове злини, ние чувстваме нечистотата и срама. Как би се чувствал Бог, който е самата праведност и истина, когато вижда такива хора? Следователно, трябва да спазваме Божието слово, да се разкаем за нашата поквара и алчност и да се стремим да постигнем чисто сърце. Ако действаме според Божието слово и продължаваме да отхвърляме нашите грехове, сърцата ни ще станат чисти и външният ни вид ще стане естествено чист и свят.

6. Да бъдете като варосани гробници

В Матей 23:27-28, Исус казва: „Горко вам книжници и фарисеи, лицемери! Защото приличате на варосани гробници, които отвън се виждат хубави, а отвътре са пълни с мъртвешки кости и с всякаква нечистота. Също така и вие от вън се виждате на човеците праведни, но отвътре сте пълни с лицемерие и беззаконие."

Независимо колко пари изразходвате, за да направите хубав един гроб, в крайна сметка какво има в него? Разлагащо се тяло, което скоро ще се превърне в шепа пръст! Ето защо, варосаната гробница символизира лицемерите, които изглеждат добре външно. Те изглеждат добри, вежливи и благоприлични на външен вид, но вътрешно са изпълнени с омраза, завист, ревност, изневяра и др.

Ако ние изповядваме, че вярваме в Бог и запазим омразата в сърцата си, докато осъждаме другите, тогава гледаме съчицата в окото на другия човек, а не виждаме гредата в нашето око. Това се счита за лицемерие. То е валидно също за невярващите. Лицемерие е също да имаме сърце, което изневерява на съпруга или съпругата, пренебрегва собствените деца или не почита своите родители, докато пренебрегва истината и критикува другите.

7. Да се считате за праведни

В Матей 23:29-33, Исус казва: „Горко вам книжници и фарисеи, лицемери! Защото зидате гробниците на пророците, и поправяте гробовете на праведните, и казвате: Ние, ако бяхме живели в дните на бащите си, не бихме участвували с тях в проливане кръвта на пророците. Така щото свидетелствувате против себе си, че сте синове на ония, които избиха пророците. Допълнете и вие, прочее, мярката на бащите си. Змии! рожби ехиднини! как ще избегнете от осъждането в пъкъла?"

Лицемерните писари и фарисеи построили гробниците на пророците, украсили паметниците на праведните. „Ако живеехме по времето на нашите бащи, нямаше да проливаме с тях кръвта на пророците." Тази изповед обаче не е вярна. Не само че тези писари и фарисеи не разпознали Исус, който дошъл като Спасителя, но Го отхвърлили и накрая Го заковали на кръста и Го убили. Как могат да наричат себе си по-праведни от своите предшественици?

Исус порицал тези лицемерни ръководители с думите:

„Допълнете и вие, прочее, мярката на бащите си." Когато един човек съгрешава, ако има поне малко съвест, ще се чувства виновен и ще спре да съгрешава. Има обаче хора, които не се отказват от своите порочни действия до мъчителния край. Това имал предвид Исус, когато казал: „Допълнете". Те станали деца на дявола, рожби ехиднини и действали дори с повече зло.

По подобен начин, ако един човек чуе истината, изпитва угризения на съвестта, но счита себе си за праведен и отказва да се разкае, той не е по-различен от човек, който допълва мярката на баща си. Исус казва, че ако тези хора не се разкаят и не получат плода на разкаянието, те не могат да се избавят от присъдата за Ада.

Следователно, трябва да се вгледаме в себе си според наказанието, което Исус наложил на писарите и фарисеите, и да видим дали има нещо, което принадлежи на нас, за да го отхвърлим бързо. Надявам се Вие - читателят, да бъдете праведен човек, който мрази злото и се придържа към доброто, за да възхвалявате Бог и да се радвате на благословен живот - колко желае сърцето Ви!

Речник и допълнителни изяснения

Какво е „човешка култивация"?

„Култивация" е процесът, при който един фермер посажда семе, грижи се за него и получава плодове от него. За да получи Свои истински деца, Бог поставил Адам и Ева на този свят, като първи плодове. След прегрешението на Адам хората станали грешници и след получаването на Исус Христос и с помощта на Светия дух, те били способни да възстановят истинския образ на Бог, който някога притежавали. Ето защо, целият процес на създаването на хората от Бог и наблюдаването на цялата история на човечеството до последния съд, се нарича „човешка култивация".

Разликата между „тялото", „плътта" и „нещата на плътта"

Обикновено, когато говорим за човешкото тяло, ние използваме термините „тяло" и „плът". Въпреки това, всяка от тези думи в Библията има специфично духовно значение. Има случаи, когато думата „плът" се използва просто за означаване на човешкото тяло, но в духовен смисъл се отнася за онези неща, които се разлагат, променят се, не са здравословни или са мръсни.
Първият човек Адам бил жив дух и нямал никакъв грях. Въпреки това, след като бил изкушен от Сатаната да яде от плода на познанието на доброто и злото, той трябвало да изпита смърт, защото надницата за греха е смърт (Битие 2:17; Римляни 6:23). Бог посадил в човека познанието на живота и истината при неговото творение. Формата или природата на човека без тази истина, която изчезнала след прегрешението на Адам, се нарича „тяло". Греховната природа в това тяло се нарича „плът". Тази плът няма видима форма, но е греховна природа, която може да бъде провокирана да излезе навън по всяко време.

Почвата на човешкото сърце

Библията категоризира човешкото сърце на четири вида почва: почва край пътя, почва на канаристо място, почва с тръни и добра почва (Марко, глава 4).

Почвата край пътя означава коравосърдечно и загрубяло сърце. Дори и едно семе на Божието слово да бъде посадено в този вид почва, то не може да покълне и да роди плодове; следователно, човекът не може да получи спасение.

Почвата на канаристо място означава човек, който разбира Божието слово със своето съзнание, но не може да повярва в него от сърце. Докато слуша Словото, той може да се ангажира да приложи наученото, но когато дойдат трудности, не може да запази вярата си.

Почвата с тръни се отнася до сърцето на човека, който слуша, разбира и прилага Божието слово в живота си, но не може да преодолее изкушенията на този свят. Той е привлечен от тревогите на този свят, алчността и плътските желания, затова следват изпитания и нещастия, и не може да израсне духовно.
Добрата почва означава човешко сърце, в което Божието слово ражда плодове 30, 60, 100 пъти и винаги следват Божи благословии и отговори.

Ролята на Сатаната и дявола

Сатаната е същество, притежаващо силата на тъмнината, което кара хората да правят порочни неща и няма специфична форма. То непрекъснато разпространява свето мрачно сърце, мисли и сила, за да върши зло във въздуха като радиовълни. Когато неистината в човешкото сърце хване неговата честота, то използва човешките мисли, за да излее в него своите тъмни сили. Това е, което наричаме „получаване на делото на Сатаната" или „слушане на гласа на Сатаната".

Дяволът е един от ангелите, които съгрешили с Луцифер. Той е облечен в черно и има лице, ръце и крака, подобни на тези на хората или ангелите. Получава заповеди от Сатаната и поддържа и дава заповеди на многобройни демони, за да причиняват болести на хората и да ги карат да извършват грехове и злини.

Характерът на съда и характерът на сърцето

Хората са наречени „съдове". Характерът на съда на един човек зависи от това колко добре слуша Божието слово и го записва в сърцето си и колко добре го прилага на практика с вярата. Характерът на съда е свързан с материала, от който е изграден. Ако един човек има добър характер на съда, той може да стане свят много бързо и да покаже духовни сили в по-широк мащаб. За да култивира добър характер на съда, човек трябва да слуша Словото правилно и да го запише в центъра на своето сърце. Характерът на съда се определя от това колко старателно човек изпълнява наученото.

Характерът на сърцето зависи от това колко широко се използва сърцето, както и от размера на съда. Има случаи на 1) превишаване на капацитета, 2) просто запълване на капацитета, 3) изпълване с неохота на минималния капацитет и 4) случаят, когато е по-добре за един човек да не започва изобщо делото си, заради извършените от него злини. Ако характерът на едно сърце е малък и недостатъчен, той или тя трябва да действа за преобразуването му в по-широко и по-голямо сърце.

Праведност според мнението на Бога

Първото ниво на праведността е отхвърлянето на греховете. На това ниво човекът е оправдан чрез приемането на Исус Христос и получаването на Светия дух. След това открива греховете си и се моли старателно, за да ги отхвърли. Бог е доволен от този факт, отговаря на молитвите му и го благославя.

Второто ниво на праведността е спазването на Словото. След като човек отхвърли греховете, той може да се изпълни с Божието слово и е способен да го спазва. Например, ако е чул съобщение да не мрази никого, той отхвърля омразата и се стреми да обича всички. По този начин спазва Божието слово. Тогава получава благословията да бъде здрав винаги и получава отговор на всяка молитва.

Третото ниво на праведността е удовлетворяването на Бог. На това ниво човек не само отхвърля греха, но и действа винаги според Божията воля. Той посвещава живота си на изпълнението на това призоваване. Ако човек постигне това ниво, Бог отговаря дори на най-дребните желания, които изразява в сърцето си.

За правда

„... за правда, защото отивам при Отца, и няма вече да Ме виждате;" (Йоан 16:10)

„И Аврам повярва в ГОСПОДА; и Той му го вмени за правда." (Битие 15:6)

„Защото казвам ви, че ако вашата правда не надмине правдата на книжниците и фарисеите, никак няма да влезете в небесното царство." (Матей 5:20)

„А сега и независимо от закон се яви правдата от Бога, за която свидетелствуват законът и пророците, сиреч правдата от Бога, чрез вяра в Исуса Христа, за всички [и на всички], които вярват; защото няма разлика." (Римляни 3:21-22)

„...изпълнени с плодовете на правдата, които са чрез Исуса Христа, за слава и хвала на Бога." (Филипяни 1:11)

„... отсега нататък се пази за мене венецът (правдата), който Господ, праведният Съдия, ще ми въздаде в оня ден; и не само на мене, но и на всички, които са обикнали Неговото явление." (2 Тимотей 4:8)

„... и изпълни се писанието, което казва: „Авраам повярва в Бога; и това му се вмени за правда"; и се нарече Божий приятел." (Яков 2:23)

„По това се разпознават Божиите чада и дяволските чада; никой, който не върши правда, не е от Бога, нито оня, който не люби брата си." (1 Йоаново 3:10)

Глава 6

Оправданието, което докарва живот

„И тъй, както чрез едно прегрешение дойде осъждането на всичките човеци, така и чрез едно праведно дело дойде на всичките човеци оправданието, което докарва живот."
(Римляни 5:18)

Срещнах живия Бог след седем-годишна приковаване към леглото поради болест. Не само получих изцеление на всички мои болести чрез огъня на Светия дух, но след като се покаях за греховете, получих също вечен живот, който да ми позволи да живея на Небето завинаги. Толкова бях благодарен за Божието благоволение, че започнах да ходя на църква, спрях да пия и спрях да сервирам на другите хора алкохолни напитки.

Имаше време, когато един от роднините ми се подиграваше на църквите. Не можах да се въздържа и казах ядосано: „Защо говориш лошо за Бог и казваш негативни неща за църквата и пастора?" Като начинаещ християнин, мислех, че действията ми бяха оправдани. Едва по-късно разбрах, че действията ми не бяха правилни. Ръководех се от праведността, както я виждах аз, а не според Божите очи. Това доведе до кавги и спорове.

Какво означаваше праведността на Бога в тази ситуация? Тя означаваше да се стремим да разберем другия човек с любов. Ако вземете предвид факта, че той или тя действа по определен начин, защото не знае за Господ и Бог, тогава няма причина да се разстройвате. Праведността означава да се молите за него или нея с любов, да търсите мъдър начин, за да го/я покръстите и ръководите, за да стане дете на Бог.

Праведност според мнението на Бога

Изход 15:26 гласи: „Ако прилежно слушаш гласа на ГОСПОДА своя Бог, и вършиш онова, което Му е угодно..." Този стих ни казва, че праведността според хората е много различна от праведността според Божите очи.

Отмъщението в нашия свят често се счита за правилно. Въпреки това, Бог ни казва, че е правилно да обичаме всички хора, дори враговете ни. Също така, хората считат, че е правилно да се бият, за да постигнат това, което искат, дори и с цената на нарушаване на мира с други хора. Бог обаче не счита един човек за праведен, когато нарушава мира с другите, само заради това, което е правилно според него.

Освен това, на този свят, независимо колко зло имате в сърцето си, като омраза, разногласие, завист, ревност, яд и себелюбие, никой не Ви нарича неправеден, ако не нарушавате законите на държавата и не извършвате грехове с действията си. Въпреки това, дори и да не извършвате грехове с действията си, ако имате зло в сърцето си, Бог Ви нарича неправеден човек. Разбирането на хората за праведност и неправедност е различно според различните хора, места и поколения. Ето защо, за да установим истински стандарт за праведност и неправедност, трябва да изберем Божия стандарт. Това, което Бог счита за праведно, е истинската праведност.

Какво направил Исус? Римляни 5:18 гласи: „И тъй, както чрез едно прегрешение дойде осъждането на всичките човеци, така и чрез едно праведно дело дойде на всичките човеци оправданието, което докарва живот." Тук „едно прегрешение" е грехът на Адам, бащата на всички хора и „едно праведно дело" е подчинението на Исус, Сина на Бог. Той изпълнил праведното действие да поведе много хора към живота. Нека да разгледаме по-подробно каква е праведността, която води хората към живот.

Праведното дело, което спасява цялото човечество

В Битие 2:7 четем, че Бог създал първия човек Адам по Свое подобие. След това вдъхнал в ноздрите му и го направил жив дух. Точно като новородено бебе, нищо не било записано в него. Той бил свежа, нова плоча. Точно като бебе, което расте и започва да събира и да използва познание чрез това, което вижда и чува, Бог го учил за хармонията на цялата вселена, законите на духовното царство и думите на истината.

Бог научил Адам на всичко, което трябвало да знае, за да живее като господар на всички творения. Имало само едно нещо, което Бог забранил. Адам можел да яде свободно от всяко дърво в Райската градина, с изключение на дървото на познанието на доброто и злото. Бог го предупредил сериозно, че в деня, в който яде от него, със сигурност щял да умре (Битие 2:16-17).

Въпреки това, след дълго време забравил за тези думи,

поддал се на изкушението на змията и ял от забранения плод. В резултат на това, връзката му с Бог била нарушена и както Бог казал: „Със сигурност ще умреш", духът на Адам, който бил жив дух, умрял. Тъй като не се подчинил на Божието слово, а послушал думите на врага дявол, той станал дете на дявола.

1 Йоаново 3:8 гласи: „Който върши грях, от дявола е; защото дяволът отначало съгрешава." И Йоан 8:44: „Вие сте от баща дявола, и желаете да вършите похотите на баща си. Той беше открай човекоубиец, и не устоя в истината, защото в него няма истина. Когато изговаря лъжа, от своите си говори, защото е лъжец, и на лъжата баща."

Ако Адам е този, който не се подчинил и съгрешил, защо потомците му също са грешници? Детето прилича на своите родители, особено на външен вид. Неговият характер, дори походката му прилича на тези на неговите родители. Това е така, защото едно дете наследява така наречената „чи" от своите родители, или „дух", или „жизнена сила" и така както жизнената сила преминава в детето, греховните характери на родителите също се предават (Псалми 51:5). Никой не учи новороденото бебе да плаче и да реве, но то го прави само. Така е защото греховната природа се съдържа в жизнената сила, която се предава от поколение на поколение след Адам.

В допълнение към първородния грях, който човек наследява, той извършва също свои грехове и сърцето му се опетнява все повече с грехове. След това отново ги предава на децата си. С течение на времето светът се изпълва с грях. Как може човек, който е станал дете на дявола, да възстанови отношението си с Бог?

Бог знаел от началото, че хората щели да съгрешат. Ето защо подготвил Неговото провидение за спасение и го пазил скрито. Спасението на човечеството чрез Исус Христос било тайна, скрита от началото на времето. Ето защо Исус Христос, който бил праведен и безгрешен, поел върху Себе Си проклятието и Го разпънали на кръста, за да открие пътя на спасението за хората, които трябвало да умрат. Чрез тази проява на праведност на Исус Христос, много хора, които някога били грешници, се освободили от смъртта и постигнали живот.

Началото на праведността е вярата в Бог

„Праведност" означава да се спазват добродетелите или моралността. „Праведността" според Бог обаче означава подчинението с вяра и почит към Него, отхвърлянето на греховете и спазването на Неговите заповеди (Еклесиаст 12:13). Преди всичко, Библията нарича грях самия факт, че не вярвате в Бог (Йоан 16:9). Следователно, вярата в Бог сама по себе си е праведно действие и това е първото условие, което човек трябва да изпълни, за да стане праведна личност.

Как можем да наречем един човек праведен или благочестив, ако пренебрегва и лъже своите родители, които са го родили? Хората ще го сочат с пръсти и ще го наричат грешник, който не уважава хората. По подобен начин, ако един човек не вярва в Създателя Бог, който ни създал, ако не Го нарича Баща и отгоре на всичко служи на врага дявол, който Бог мрази най-много - това става тежък грях.

Следователно, за да станете праведен човек, трябва на първо място да повярвате в Бог. Така както Исус имал пълна вяра в Бог и спазвал всяка от думите Му, ние също трябва да вярваме в Него и да спазваме думите Му. Да имаме пълна вяра в Бог означава да вярваме във факта, че Бог е Господ на всички творения, който създал цялата вселена и нас, и който притежава самостоятелен контрол върху живота и смъртта на хората. Това означава също да вярваме във факта, че Бог съществува самостоятелно, че Той е първият и последният, началото и края. Това означава да вярваме, че Той е висшият съдия, който подготвил Небето и Ада, и който ще съди всеки човек справедливо. Бог изпратил Неговия единствен роден Син, Исус Христос на този свят, за да открие пътя за нашето спасение. Ето защо, вярата в Исус Христос и получаването на спасение по своята същност означава да вярваме в Бог.

Следователно има нещо, което Бог изисква от всички Негови деца, които влизат през вратата на спасението. Гражданите на една държава на този свят трябва да спазват законите на тази държава. По същия начин, ако станете гражданин на Небето, трябва да спазвате законите на Небето, представляващи Божието слово, което е Истината. Например, тъй като Изход 20:8 гласи: „Помни съботния ден, за да го освещаваш", трябва да спазвате Божия закон и да му дадете главен приоритет, като спазвате свещен съботния ден и не водите светски живот. Ние трябва да правим това, защото Бог счита за праведни този вид вяра и подчинение.

Чрез Исус Христос Бог ни показва закона за праведността, който ни води към живот. Ако спазваме този закон, ще станем праведни, можем да отидем на Небето и да получим Божията любов и благословии.

Праведността на Исус Христос, на която трябва да подражаваме

Дори Исус, който е Синът на Бога, постигнал праведност, като спазвал изцяло Божите закони. Преди всичко друго, докато бил тук на земята, Той никога не показал дори малко зло. Той не притежавал първороден грях, защото бил заченат от Светия дух. Също така не извършил грях, защото нямал порочни мисли или други злини.

Повечето пъти хората се държат лошо, защото имат порочни мисли. Един човек, който е алчен, първо ще помисли: „Как мога да спечеля богатство? Как мога да взема притежанията на този човек и да ги направя мои?" След това ще посади тази мисъл в сърцето си. Когато сърцето му е разстроено, най-вероятно ще извърши порочни действия. Тъй като има алчност в сърцето си, той е изкушен от Сатаната чрез мислите си; и когато приеме това изкушение, предприема порочни действия, като измама, незаконно присвояване и кражба.

Йов 15:35 гласи: „Зачеват зло, и раждат беззаконие, и сърцето им подготвя измама." Битие 6:5 гласи, че преди осъждането на света от Бога чрез потопа, порочността на хората била голяма на земята и сърцата на хората били изпълнени винаги с порочни мисли. Тъй като сърцето е порочно, съзнанието също е порочно. Въпреки това, Сатаната не може да действа чрез нашите мисли, за да ни изкуши, ако нямаме порочност в сърцата си. Така както е написано, че нещата, които излизат от устата, произхождат от сърцето (Матей 15:18), ако сърцето не е порочно, от него не могат да излязат порочни мисли или действия.

Исус, който нямал нито първородния грях, нито собствени грехове, имал сърце, което било самата святост. Ето защо, всички Негови действия винаги били добри. Тъй като сърцето Му било праведно, Той имал само праведни мисли и извършвал само праведни действия. За да станем праведни хора, трябва да защитаваме мислите си като отхвърлим злото в нашите сърца и тогава действията ни също ще бъдат морални.

Ако ние се подчиним и правим точно това, което

Библията казва „да правим, да не правим и да отхвърлим", сърцето на Бог или истината ще живее в сърцата ни, за да не съгрешаваме с мислите си. Действията ни също ще станат морални, като получим ръководството и указанието на Светия дух. Бог казва: „Спазвайте свещен неделния ден" и ние го спазваме свещен. Той казва: „Молете се, обичайте и споделяйте евангелието", затова се молим, обичаме и споделяме евангелието. Той казва да не крадем и да не изневеряваме, и ние не правим тези неща.

Тъй като ни казва да отхвърлим всички форми на злото, ние продължаваме да отхвърляме неистините, като ревност, завист, омраза, разврат, измама и др. Освен това, ако спазваме Божието слово, неистините в сърцата ни изчезват и остава само истината. Ако ние изкореним упоритите корени на греха от сърцата си, грехът няма да може повече да прониква в нас чрез нашите мисли. Следователно, каквото и да виждаме, ние го виждаме с добрина и каквото и да кажем и да направим, също го казваме и правим с добрина, която произлиза от сърцата ни.

Притчи 4:23 гласи: „Повече от всичко друго що пазиш, пази сърцето си, Защото от него са изворите на живота." Праведността, която води до живот или до източника на живот, произлиза от защитата на сърцето. За да бъдем способни да получим живот, трябва да спазваме праведността, по-конкретно истината, в нашето сърце и да живеем според нея. Ето защо е толкова важно да закриляме нашето съзнание и нашето сърце.

В нас обаче има толкова много зло, че не можем да го отхвърлим изцяло само с нашите собствени сили. В допълнение към собствените ни усилия да отхвърлим греха, ние се нуждаем също от силата на Светия дух. Ето защо се нуждаем от сила. Когато се молим с огнени молитви, Божието благоволение и сила се изливат върху нас и ние се изпълваме със Светия дух. Тогава можем да отхвърлим тези грехове!

Яков 3:17 гласи: „Но мъдростта, която е отгоре, е преди всичко чиста..." Това означава, че когато отхвърлим греховете от сърцата ни и се съсредоточим само върху праведността, ще получим висша мъдрост. Колкото и голяма да е мъдростта на света, никога не може да се сравни с мъдростта, която идва отгоре. Мъдростта на този свят идва от човека, който е ограничен и не може да предвиди дори секунда от това, което ще се случи. Въпреки това, мъдростта, която идва отгоре, се изпраща от всемогъщия Бог, за да знаем дори нещата, които ще се случат в бъдеще, и да се подготвим за тях.

В Лука 2:40 пише, че Исус „растеше, крепнеше и се изпълваше с мъдрост". Записано е, че по времето, когато бил на дванадесет години, Той бил толкова мъдър, че дори равините, които познавали изцяло Закона, били изумени от Неговата мъдрост. Съзнанието на Исус било съсредоточено само върху праведността, затова получил мъдрост отгоре.

1 Петрово 2:22-23 гласи: „...Който грях не е сторил, нито се е намерило лукавщина в устата Му; който бидейки охулван, хула не отвръщаше; като страдаше, не заплашваше; но предаваше делото Си на Този, който съди справедливо..." Чрез този стих виждаме сърцето на Исус. Също така в Йоан 4:34, когато учениците донесли храна, Исус казал: „Моята храна е да върша волята на Онзи, който ме е пратил, и да върша Неговата работа." Тъй като сърцето и съзнанието на Исус били съсредоточени само върху праведността, всичките Му действия били винаги благоприлични.

Исус бил предан не само в Божието дело; Той бил предан в „цялото домакинство на Бог". Дори когато умирал на кръста, Той поверил Дева Мария на Йоан, за да се грижи за нея. Ето защо, Исус изпълнил напълно Неговото светско задължение като човек, докато проповядвал евангелието за небесното царство и лекувал болните с Божията сила. Накрая изпълнил мисията Си да дойде на този свят, като поел кръста, за да се погрижи за греховете и слабостите на хората. Така станал Спасителят на човечеството, Царят на царете и Бог на боговете.

Начинът да станем праведни хора

Какво трябва да направим като деца на Бога? Трябва да станем праведни хора, като спазваме Божите закони чрез делата ни. Тъй като Исус станал върховен образец за всички нас, като спазвал и изпълнявал Божите закони, ние трябва да правим същото, като следваме неговия пример.

Спазването на Божите закони означава да изпълняваме Неговите заповеди и да бъдем без пороци относно законите Му. Десетте заповеди са основен пример на Божите заповеди. Заповедите могат да се считат за всички Божи заповеди, съдържащи се в 66-те книги на Библията. Всяка от десетте заповеди има дълбоко духовно значение. Когато разбираме истинското значение на всяка от тях и ги спазваме, Бог ни нарича праведни.

Исус казва, че има една основна и най-важна заповед. Тя е да обичаме Бог с цялото си сърце, душа и разум. Втората е да обичаме ближния като себе си (Матей 22:37-39).

Исус спазвал и изпълнявал всички тези заповеди. Той никога не се карал или оплаквал. Исус се молил през цялото време, независимо дали рано сутрин или през цялата нощ. Той спазвал също всички закони. „Закони" се отнася за правилата, които Бог установил за нас, като спазването на пасхата или отдаването на десятъци. Има запис за отиването на Исус в Ерусалим, за да спази Пасхата, както всички други евреи.

Християните, които са духовни евреи, продължават да запазват и да спазват духовните значения на еврейските ритуали. Християните обрязват сърцата си, както се извършвало физическото обрязване в Стария завет Те възхваляват в духа и истината на религиозни служби, спазвайки духовното значение на отдаването на пожертвувания на Бога в Стария завет. Когато спазваме Божите закони и ги изпълняваме, ние получаваме истински живот и ставаме праведни. Господ преодолял смъртта и възкръснал; следователно ние също можем да се радваме на вечен живот с възкресението чрез праведността.

Благословиите за праведните

Конфликтите, споровете и болестите възникват, защото хората не са праведни. Беззаконието идва от неправедността, последвано от болка и страдание. Това е, защото хората получават делото на дявола, бащата на греховете. Ако нямаше беззаконие и неправедност, нямаше да има катастрофи, страдание или затруднения и този свят щеше наистина да бъде красиво място. Освен това, ако станете преведен човек в Божите очи, ще получите големи благословии от Него. Вие можете да станете наистина изключителен и благословен човек.

Второзаконие 28:1-6 говори за това подробно: „Ако слушаш добре гласа на ГОСПОДА твоя Бог и внимаваш да вършиш всичките Негови заповеди, които днес ти заповядвам, тогава ГОСПОД твоят Бог ще те въздигне над всичките народи на света. И всички тия благословения ще дойдат на тебе и ще почиват на тебе, ако слушаш гласа на ГОСПОДА твоя Бог: Благословен ще бъдеш в града, и благословен ще бъдеш на полето. Благословен ще бъде плодът на утробата ти, плодът на земята ти и плодът от добитъка ти, рожбите от говедата ти и малките от овцете ти. Благословен кошът ти и нощвата ти. Благословен ще бъдеш при влизането си и благословен ще бъдеш при излизането си."

Също така, в Изход 15:26 Бог обещал, че ако правим това, което е праведно според Бог, Той нямало да ни изпрати болестите, които изпратил на египтяните. Ето защо, ще бъдем здрави, ако правим това, което е праведно в Божите очи. Можем да преуспяваме във всички области на нашия живот и да изпитваме вечна радост и благословии.

Досега разгледахме какво е праведността в Божите очи. Сега, като действате в съответствие с Божите закони и изисквания без прегрешения, и живеете праведно в Божите очи, надявам се да изпитате изцяло любовта и благословиите на Бог!

Речник

Вярата и праведността

Има два вида вяра: „духовна вяра" и „плътска вяра". Да имате „плътска вяра" означава да бъдете способни да вярвате в нещата, които съвпадат с познанието и мислите на един човек. Този вид вяра е вяра без действие; следователно това е мъртва вяра, която Бог не признава. Притежаването на „духовна вяра" означава да бъдете способни да повярвате във всичко, което идва от Божието слово, макар и да не съвпада с Вашите познания или мисли. С този вид вяра човек действа според Божието слово.

Човек може да има този вид вяра само ако му я даде Бог и всеки човек има различна степен на вярата (Римляни 12:3). Като цяло, вярата може да бъде категоризирана от първо до пето ниво: на първото равнище на вярата човек има вярата да получи спасение, на второто равнище човек се опитва да действа според Божието слово, на третото равнище човек може да действа изцяло според Словото, на четвъртото равнище човек става праведен като отхвърли греховете и обича Господ в максимална степен и на петото ниво, човек има вярата да осигури пълна радост на Бог.

„Праведните" се отнася за хората, които са праведни.

Когато приемем Исус Христос и получим опрощение на греховете ни чрез Неговата ценна кръв, ние сме оправдани. Това означава, че сме оправдани с вярата ни. Когато отхвърлим злото или неистините от сърцата си и се стремим да действаме в истината, според Божието слово, ние можем да се превърнем в истински праведни хора, които са признати от Бог като праведни. Бог се радва много на такива праведни хора и отговаря на молитвата им (Яков 5:16).

Глава 7

Праведните ще живеят според вярата

„Защото в него се открива правдата, която е от Бога чрез вяра към вяра, както е писано: Праведният чрез вяра ще живее."
(Римляни 1:17)

Когато някой направи добро дело за един сирак, вдовица или човек в нужда, в повечето случаи хората ще нарекат този човек праведен. Когато някой е любезен и внимателен, спазва закона, не се разгневява лесно и е много търпелив, хората го хвалят, казвайки: „Този човек дори не се нуждае от правила." Означава ли това наистина, че този човек е праведен?

Осия 14:9 гласи: „Кой е мъдър та да разбере тия неща? Кой е разумен та да ги познае? Защото пътищата Господни са прави, И праведните ще ходят по тях, А престъпниците ще паднат в тях." Това означава, че един човек, който спазва Божите закони, наистина е праведен човек.

Също така, Лука 1:5-6 гласи: „В дните на Юдейския цар Ирод имаше един свещеник от Авиевия отред, на име Захария; и жена му беше от Аароновите потомци, и се наричаше Елисавета. Те и двамата бяха праведни пред Бога, като ходеха непорочно във всичките Господни заповеди и наредби." Това означава, че някой е праведен само когато спазва законите на Бог, по-конкретно всички заповеди и изисквания на Господ.

Да станем наистина праведни хора

Независимо колко усилено човек се опитва да бъде праведен, никой не е праведен, защото всеки има първороден грях, който е предаден от неговите праотци, както и собствени грехове или така наречените действителни грехове. Римляни 3:10 гласи: „Няма праведен ни един." Единственият праведен човек бил и е Исус Христос.

Исус, който нямал нито първороден грях, нито собствени грехове, пролял Неговата кръв и умрял на кръста, за да плати за наказанието за нашите грехове и възкръснал от мъртвите и станал наш Спасител. В момента, в който повярваме в Исус Христос, който е пътят, истината и животът, тогава греховете ни са пречистени и ние сме оправдани. Въпреки това, само защото сме оправдани с вярата, това не означава, че всичко е направено. Да, когато вярваме в Исус Христос, ние получаваме опрощение за греховете ни и сме оправдани, но в сърцата ни все още има греховни природи.

Ето защо, в Римляни 2:13 е записано: „Защото не законослушателите са праведни пред Бога; но законоизпълнителите ще бъдат оправдани." Това означава, че макар и да сме оправдани с вяра, ние можем да станем истински праведни хора само когато променим сърцата си, които са неправедни в сърца на истината, като действаме според Божието слово.

По времето на Стария завет, преди да дойде Светият

дух, хората не били способни да отхвърлят греховете си напълно сами. Ето защо, те не били считани за грешници, ако не съгрешавали с действията си. Това било по времето на Закона, когато хората отмъщавали „око за око и зъб за зъб". Въпреки това, Бог иска обрязване на сърцето - отхвърляне на неистината, на греховните природи на сърцето и прилагането на любов и милосърдие. Ето защо, за разлика от хората от времето на Стария завет, хората от времето на Новия завет, които приемат Исус Христос, получават Светия дух като подарък и с помощта на Светия дух са способни да отхвърлят греховните природи от сърцата си. Хората не могат да отхвърлят греха и да станат праведни само със собствените си сили. Ето защо дошъл Светият дух.

Следователно, за да станем истински праведни хора, ние се нуждаем от помощта на Светия дух. Когато викаме в молитвите си до Бог, за да станем праведни, Бог ни дава благоволение и сила, и Светият дух ни помага. Ето защо можем окончателно да преодолеем греха и да изкореним греховните природи от сърцата ни! Когато все повече отхвърляме греха, ставаме святи и постигаме пълната мярка на вярата с помощта на Светия дух, ние получаваме повече от Божията любов и ставаме истински праведни хора.

Защо трябва да станем праведни

Можете да попитате: „Трябва ли наистина да стана праведен човек? Не мога ли просто да вярвам в Исус в определена степен и да водя нормален живот?" Бог обаче казва в Откровение 3:15-16: „Зная делата ти, че не си студен нито топъл. Дано да беше ти студен, или топъл. Така, понеже си хладък, нито топъл, нито студен, ще те повърна из устата Си."

Бог не обича „хладка вяра". Хладката вяра е опасна, защото наистина е трудна за поддържане за дълъг период от време. В крайна сметка, този вид вяра става студена. Това е същото като топлата вода. Ако я оставите навън за известно време, тя накрая се охлажда и става студена. Бог казва, че ще изплюе хората с такъв вид вяра. Това означава, че хората с такъв вид вяра не могат да бъдат спасени.

Защо тогава е нужно да бъдем праведни? Както е записано в Римляни 6:23: „Защото заплатата на греха е смърт", а Божият дар е вечен живот в Христа Исуса, нашия Господ. Следователно, грешникът трябва да се откаже от греха и да стане праведен. Само тогава един грешник може да се освободи от изпитанията, нещастията и болестите, които му дава дяволът. Тъй като човек живее на този свят, много е вероятно да изпита всякакви видове тъжни и трудни ситуации, като болести, злополуки и смъртни случаи. Въпреки това, ако човек стане праведен, няма да се сблъска с тези неща.

Следователно, ние трябва да внимаваме за Божите думи и да спазваме всички Негови заповеди. Ако живеем праведно, можем да получим всички благословии, описани във Второзаконие, глава 28. Когато душата ни преуспява, ще преуспяваме във всички отношения и ще бъдем здрави.

Въпреки това, докато не станете праведен човек, който е способен да получи всички тези благословии, ще следват трудности. Например, за да спечелят златен медал за Олимпийските игри, атлетите преминават през интензивни тренировки. По подобен начин, малко по малко, Бог ще позволи на Неговите любещи деца да понесат определени изпитания и нещастия в рамките на техните възможности според мярката на вярата им, за да може душата им да просперира повече.

Бог казал на Авраам да напусне къщата на неговия баща: „Ходи пред Мене и бъди непорочен" (Битие 17:1). Той го обучил и го ръководил, за да стане истински праведен човек. Най-накрая, след като Авраам преминал последното изпитание да пожертва своя единствен син Исаак, като приношение за всеизгаряне на Бог, изпитанията завършили. След това Авраам бил благословен винаги и всичко било добре с него.

Бог ни учи да повишим вярата си и ни прави праведни. Когато всеки човек премине всяко изпитание, Бог го благославя и след това го ръководи дори към по-голяма вяра. По време на този процес култивираме все повече сърцето на Господ.

Славата, която получаваме на Небето, ще бъде различна, в зависимост от това колко грехове отхвърляме и в каква степен сърцата ни приличат на сърцето на Христос. Както е записано в 1 Коринтяни 15: 41, „Друг е блясъкът на слънцето, друг блясъкът на луната и друг блясъкът на звездите; па и звезда от звезда се различава по блясъка", степента на славата, която получаваме на Небето, зависи от това колко праведни ставаме на този свят.

Бог иска да има такива деца, които отговарят на изискванията да бъдат Негови деца - онези, които имат сърцето на Господ. Тези хора ще отидат в Новия Ерусалим, където се намира Божият трон и ще живеят в мястото на славата, което блести като слънцето.

Праведните трябва да живеят с вяра

Как тогава трябва да живеем, за да станем праведни хора Ние трябва да живеем с вяра, както е записано в Римляни 1:17: „Праведният чрез вяра ще живее." Можем да разделим вярата на две основни категории: плътска вяра и духовна вяра. Плътската вяра е вяра, базирана на познанието или вяра, базирана на разума.

Когато човек е роден и отгледан, нещата, които вижда, чува и научава от неговите родители, учители, съседи и приятели, се запазват като познание в паметта му в мозъка. Ако човек вярва само когато нещо съвпадне с познанието, което вече има, това се нарича плътска вяра. Хората, които имат такъв вид вяра, считат, че нещо може да бъде създадено от нещо друго, което вече съществува. Те обаче не са способни да повярват в или да приемат създаването на нещо от нищото.

Например, те не могат да повярват, че Бог създал небесата. Те не могат да забравят инцидента, когато Исус уталожил бурята, като порицал вятъра и заповядал на морето: „Утихни" (Марко 4:39). Бог отворил устата на едно магаре и го накарал да говори. Той направил така, че Моисей да раздели Червено море с жезъла си. Той направил дори така, че масивната стена на Ерихон се сринала, след като израилтяните просто вървели около нея и викали. Тези събития изобщо нямат смисъл според познанията и разсъжденията на обикновения човек.

Как може морето да бъде разделено на две, само защото някой повдига жезъл към него? Въпреки това, ако Бог, за когото нищо не е възможно, прави така, че това да се случи, то се случва! Един човек, който изповядва, че вярва в Бог и въпреки това няма духовна вяра, няма да повярва, че тези събития се случили наистина. Ето защо, един човек, който има плътска вяра, няма вярата, за да вярва и затова не може да изпълнява Божието слово. Ето защо, не може да получи отговори на своите молитви и не може да има спасение. Затова вярата му е наречена „мъртва вяра".

От друга страна, духовната вяра - вярата, с която вярваме в създаването на нещо от нищото - е наречена „жива вяра". Хората с такъв вид вяра ще премахнат своите мисли на плътта и няма да се опитват да разберат една злополука или ситуация само въз основа на своите познания и мисли. Хората с духовна вяра имат вярата да приемат всичко в Библията просто така, както е. Духовната вяра е вярата, която вярва в невъзможното. Тя е наречена „жива вяра", тъй като води хората към спасение. Ако искате да станете праведни, трябва да притежавате духовна вяра.

Как да притежаваме духовна вяра

За да притежаваме духовна вяра, трябва първо да се освободим от всички мисли и теории в нашето съзнание, които ни разсейват от получаването на духовна вяра. Както е записано в 2 Коринтяни 10:5, ние трябва да унищожим спекулациите и всичко високомерно, издигнато срещу познанието на Бог и да посветим всяка мисъл на подчинението на Христос.

Познанието, теориите, умствената работа и ценностите, които един човек научава от раждането си, не са винаги верни. Само Божието слово е абсолютната и вечната истина. Ако ние настояваме, че нашите ограничени човешки познания и теории са верни, тогава не можем да приемем Божието слово като истина. Така няма да бъдем в състояние да притежаваме духовна вяра. Ето защо е толкова важно за нас на първо място да отстраним този начин на мислене.

Също така, за да притежаваме духовна вяра, трябва да слушаме старателно Божието слово. Римляни 10:17 гласи, че вярата произлиза от слушането; следователно, трябва да слушаме Божието слово. Ако не чуем Божието слово, няма да знаем какво е истината и духовната вяра не може да се появи в нас. Когато слушаме словото на Бога или свидетелствата на други хора на религиозни служби и различни църковни събрания, в нас покълва вярата, макар и това отначало да е вяра като познание.

След това, за да трансформираме тази основана на познанието вяра в духовна вяра, ние трябва да прилагаме Божието слово. Както е написано в Яков 2:22, вярата действа с човешките дела и в резултат на делата, вярата се усъвършенства.

Един човек, който обича бейзбол, не може да стане голям бейзболен играч, само защото чете много книги за бейзбол. Ако е получил информацията, трябва да премине през интензивно обучение според знанието, което е получил, за да стане голям бейзболен играч. По същия начин, независимо колко четете Библията, ако действията Ви не съответстват на това, което четете, вярата Ви ще остане базирана на познанието и Вие няма да можете да притежавате духовна вяра. Когато прилагате на действие това, което сте чули, Бог Ви дава духовна вяра - вярата, с която да вярвате истински от все сърце.

Ето защо, ако някой вярва истински от сърце в Божието слово, което гласи: „Винаги се радвайте. Непрестанно се молете. За всичко благодарете, защото това е Божията воля за вас в Христа Исуса", какъв вид действия ще предприеме? Разбира се, той ще се радва при радостни обстоятелства. Той обаче ще се радва също, когато възникнат тежки ситуации. С радост ще повери всичко в Божите ръце. Независимо колко може да е зает, той ще отдели време, за да се моли. Независимо от обстоятелствата, той винаги ще благодари, вярвайки че ще получи отговор, защото вярва във всемогъщия Бог.

По този начин, когато се подчиняваме на Божите думи, Бог е удовлетворен от вярата ни, отстранява изпитанията и нещастията, и отговаря на молитвите ни, за да можем наистина да бъдем радостни и да благодарим. Когато се молим старателно, отхвърляме неистините от сърцето си с помощта на Светия дух и действаме според Божието слово, основаната върху познанието вяра става като пиедестал, върху който Бог ни отдава духовна вяра.

Ако ние имаме духовна вяра, ще се подчиняваме на Божието слово. Когато се опитваме с вяра да извършим нещо, което не можем да направим, Бог ни помага да го направим. Ето защо получаването на финансови благословии трябва да е много лесно. Както е записано в Малахия 3:10, когато отдаваме пълни десятъци, Бог изпраща толкова много благословии върху нас, че хранилището ни ще прелива! Тъй като вярваме, че когато посеем, ще пожънем 30, 60, 100 пъти, ние посяваме с радост. Това е начинът, по който праведните получават Божията любов и благословии с вярата.

Начини да живеем с вяра

В нашия ежедневен живот се изправяме пред „Червеното море", което се намира пред нас, „град Ерихон", който трябва да унищожим и река Йордан, която тече. Когато сме изправени пред тези проблеми, да вървим в истината означава да живеем с вяра. Например, ако имаме плътска вяра и някой ни удари, ние ще искаме да му отговорим и ще мразим другия човек. Ако имаме духовна вяра обаче, ние не бихме мразили другия човек, а ще го обичаме. Когато имаме този вид жива вяра - вярата, с която да прилагаме на действие Божието слово - врагът дявол бяга от нас и проблемите ни са разрешени.

Праведните хора, които живеят с вяра, ще обичат Бог, ще се подчиняват, ще спазват Неговите заповеди и ще действат според истината. От време на време хората питат: „Как можем да спазваме всички заповеди?" Така както е правилно за едно дете да уважава своите родители и за двама съпрузи да се обичат взаимно, за нас е редно да спазваме Божите заповеди, ако наричаме себе си Божи деца.

За нови вярващи, които скоро са започнали да посещават църква, отначало може да е трудно да затварят магазините си в неделя. Те слушат, че Бог ще ги благослови, ако спазват свят неделния ден, като затварят магазина в неделя, но отначало може да е трудно да го повярват. Ето защо, в някои случаи те могат просто да присъстват на неделната сутрешна служба и след това да отворят своя магазин следобед.

От друга страна, печалбата не е проблем за по-зрелите вярващи. Първият приоритет е да се подчиняват на Божието слово и те правят това като затварят магазина в неделя. Тогава Бог вижда вярата им и прави така, че да имат много по-голяма печалба от печалбата, която имат, когато отварят магазина в неделя. Както Бог обещал, Той ще ги предпазва от загуба и ще ги благослови с добра мярка, натъпкана, стърсена, препълнена.

Това се отнася също за отхвърлянето на греховете. Грехове като омраза, ревност и похот, са трудни за отхвърляне, но могат да бъдат отстранени, когато се молим старателно. От моя личен опит - греховете, които не можеха да бъдат отхвърлени просто с молитва, се отхвърляха с пости. Ако тридневните пости нямаха резултат, аз постех пет дни. Ако и това нямаше резултат, аз пробвах седем дни и след това десет дни. Постех докато отстраня греховете. След това установих, че отказвах греховете, за да избегна постите!

Ако отхвърлим онези няколко гряха, които са най-трудни за отхвърляне, тогава другите грехове са лесни за отхвърляне. Това е като изкореняването на едно дърво. Ако ние издърпаме главния корен, всички други малко корени излизат с него.

Ако ние обичаме Бог, спазването на Неговите заповеди не е трудно. Как може някой, който не обича Бог, да не се подчини на думите Му? Да обичаш Бог означава да се подчиняваш на думите Му. Ето защо, ако изпитвате любов към Него, можете да спазвате всички Негови заповеди. Имате ли толкова големи проблеми като Червеното море или града на Ерихон?

Ако притежаваме духовна вяра, приложим вярата в действие и вървим по пътя на праведността, тогава Бог ще разреши всички наши трудни проблеми и ще отнеме страданието ни. Колкото по-праведни ставаме, по-бързо се разрешават проблемите ни и по-бързо се изпълняват молитвите ни! Ето защо, надявам се да се радвате на процъфтяващ живот не само на този свят, но също и на вечни благословии на Небето, като вървите с вяра като праведни хора на Бог!

Речник

Мисли, теории и стереотипи на съзнанието

„Мисленето" означава да приложим знанието, запазено в паметта на мозъка. Тези мисли могат да бъдат категоризирани в две части: плътски мисли, които са против Бог и духовни мисли, които удовлетворяват Бог. От знанието, което е запазено в нашата памет, ако изберем това, което е истина, ние ще имаме духовни мисли. От друга страна, ако изберем това, което е неистина, ще имаме плътски мисли.

„Теория" е логиката, която човек установява въз основа на знанието, което е придобил от своя опит, интелект или образование. Теорията е различна в зависимост от образованието, мислите или епохата, в която живее всеки човек. Тя създава спорове и много пъти противоречи на Божието слово.

„Стереотипи" са умствените стереотипи, с които човек мисли, че има право. Тези стереотипи се създават при утвърждаване на самодоволството на човека. Поради тази причина, самият начин на мислене на някои хора се превръща в техния стереотип и за други - знанието и теориите им стават стереотипи. Ние трябва да чуем Божието слово и да разберем истината, за да открием тези стереотипи в съзнанието ни и да ги отстраним.

Глава 8

За подчинението на Христос

„Защото, ако и да живеем в плът, по плът не воюваме.. Защото оръжията, с които воюваме, не са плътски, но пред Бога са силни за събаряне крепости. Понеже събаряме помисли и всичко, което се издига високо против познанието на Бога, и пленяваме всеки разум да се покорява на Христа. И готови сме да накажем всяко непослушание, щом стане пълно вашето послушание."

(2 Коринтяни 10:3-6)

Ако ние приемем Исус Христос и станем праведни хора, които притежават духовна вяра, ще получим невероятни благословии от Бог. Не само ще отдаваме слава на Бог като вършим Божието дело по могъщ начин, но Той ще изпълни всичко, което искаме в молитвите си и ние ще имаме успех във всичко.

Въпреки това, някои хора признават, че вярват в Бог, но не се подчиняват на Божието слово и не могат да постигнат Неговата праведност. Те проповядват, че се молят и работят усилено за Господ, но въпреки това не получават благословии и постоянно са подложени на изпитания, нещастия и болести. Ако човек има вяра, трябва да живее според Божието слово и да получи Неговите щедри благословии. Защо вярващите не могат да направят това? Защото продължават да имат плътски мисли.

Плътски мисли, които са враждебни към Бог

Терминът „плът" се отнася за човешкото тяло заедно с греховните природи. Тези греховни природи са неистините, които са в човешкото сърце и не са разкрити външно с действията. Когато тези неистини се проявяват като мисли, тези мисли са наречени „плътски мисли". Когато имаме плътски мисли, ние не можем да се подчиним изцяло на истината. Римляни 8:7 гласи: „...Защото копнежът на плътта е враждебен на Бога, понеже не се покорява на Божия закон, нито пък може."

Какви са тези плътски мисли по-конкретно? Има два вида мисли. Първите са духовни мисли, които ни помагат да действаме според истината или Божите закони, а другите са плътски мисли, които ни карат да спазваме Божите закони (Римляни 8:6). Като избираме между истината и неистината, ние можем да имаме духовни или плътски мисли.

Понякога, когато видим някого, когото не харесваме, от една страна може да имаме мисли на неприязън към този човек според лошите ни чувства към него. От друга страна, може да да се опитаме да харесваме този човек. Ако видим, че съседът ни има нещо наистина хубаво, ние бихме помислили да го откраднем от него или да не пожелаваме неговите притежания. Мислите, които съответстват на Божия закон, който гласи: „Обичай ближния си" и „Не пожелавай", са духовни мисли. Мислите обаче, които Ви провокират да мразите и да крадете, противоречат на Божите закони и затова са плътски мисли.

Плътските мисли са враждебни на Бог, затова възпрепятстват духовното ни израстване и са срещу Бог. Ако следваме плътските мисли, ние се отдалечаваме от Бог, поддаваме се на мирянския живот и накрая ни очакват изпитания и нещастия. Има много неща, които виждаме, чуваме и научаваме от този свят. Много от тях противоречат на Божията воля и ни отклоняват от нашия път с вяра. Трябва да осъзнаем, че всички тези неща са плътски мисли, които са враждебни на Бог. След като открием тези мисли, трябва да ги отхвърлим напълно. Независимо колко правилни Ви изглеждат, ако не съответстват на Божията воля, това са плътски мисли и следователно са враждебни на Бог.

Нека да вземем предвид случая с Петър. Когато Исус разказал на учениците как трябвало да отиде в Ерусалим, за да бъде разпънат на кръст и да възкръсне на третия ден, Петър казал: „Бог да Ти се смили, Господи! Това никак няма да стане с Тебе" (Матей 16:22). Тогава Исус казал: „Махни се зад Мене, Сатано! Ти си Ми съблазън; защото не мислиш за Божиите неща, а за човешкит" (Матей 16:23).

Като ученик, който бил дясната ръка на Исус, Петър казал това от любов към своя учител. Независимо колко добри били намеренията му обаче, думите му не съответствали на Божията воля. Тъй като Божията воля за Него била да вземе кръста и да отвори вратата към спасението, Исус прогонил Сатаната, който се опитвал да разсее Петър чрез мислите му. В крайна сметка, след като изпитал смъртта и възкресението на Исус, Петър осъзнал колко ненужни и враждебни са плътските мисли против Бог и напълно унищожил тези мисли. В резултат на това, Петър имал главна роля в разпространяване на евангелието на Христос и създаването на първата църква.

„Самодоволство" - една от основните плътски мисли

Сред всички различни видове плътски мисли, „самодоволството" е главният пример. Просто казано, „самодоволство" означава да спориш, че си прав. След като един човек се роди, той научава много неща от своите родители и учители. Той научава също неща чрез приятелите и различните среди, на които е изложен.

Независимо обаче колко важни са родителите и учителите, не е лесно за един човек да научи само истината. Много е вероятно да научи неща, които противоречат на Божията воля. Разбира се, всеки се опитва да учи това, което той или тя мисли, че е правилно; но почти всички неща са неистина, ако ги сравним с Божия стандарт за праведност. Нещата на истината са много малко. Това е така, защото никой не е добър, с изключение на самия Бог (Марко 10:18; Лука 18:19).

Например, Бог ни казва да се отплащаме с добро на лошото. Той ни казва, че ако някой ни принуди да вървим с него една миля, ние трябва да извършим две. Ако някой Ви вземете палтото, дайте му също и ризата си. Той ни учи, че този, който служи е велик и че този, който дава и се жертва, накрая е истинският победител. Хората обаче имат различни разбирания за това, което е „праведност". Те ни учат, че на злото трябва да отговаряме със зло и да му се противопоставяме докато го победим.

Ето една проста илюстрация. Детето Ви отива на гости

на своя приятел и се връща, плачейки. По лицето му има драскотини, сякаш са го драскали с нокти. В подобен случай повечето родители се разстройват и започват да упрекват своето дете. В някои сериозни случаи родителят може да каже: $Следващият път недей просто да седиш и да търпиш. Защитавай се!$ Те учат детето си, че да го бият е признак на слабост или загуба.

Друг пример са хората, които страдат от заболяване. Независимо как се чувства техният болногледач, те изискват това и онова, опитвайки се да се чувстват по-добре. От гледна точка на болния човек, той/тя изпитва голяма болка и действията му/й са оправдани. Въпреки това, Бог ни учи да не търсим ползата за себе си, а ползата за другите. По това се различават мислите на хората и мислите на Бога. Човешкият и Божият стандарт за праведност са много различни.

В Битие 37:2 виждаме Йосиф, който понякога показвал на баща си грешките на своите братя, водейки се от собствената си праведност. От негова гледна точка, той не харесвал беззаконието в действията на брат му. Ако Йосиф имал малко повече добрина в сърцето си, той щял да търси Божията мъдрост и да намери по-добро и по-мирно решение на проблема без да излага братята си. Въпреки това, заради своето самодоволство, той бил мразен от братята си и те го продали в робство в Египет. Ето защо, ако обидите друг човек, защото мислите, че нещо е „праведно", тогава може да изпитате такова нещастие.

Какво обаче се случило с Йосиф, след като разбрал за праведността на Бог чрез изпитанията и нещастията, пред които бил изправен? Той отхвърлил своето самодоволство, издигнал се на длъжността Министър-председател на Египет и спечелил властта да управлява много хора. Той спасил дори семейството си от голям глад, включително братята си, които го продали в робство. Той бил използван също, за да осигури основата за създаването на народа на Израел.

Апостол Павел поставил край на своите плътски мисли

Във Филипяни 3:7-9, Павел казал: „Но това, което беше за мене придобивка, като загуба го счетох за Христа. А още всичко считам като загуба заради това превъзходно нещо - познаването на моя Господ Христос Исус, за Когото изгубих всичко и считам всичко за измет, само Христа да придобия и да се намеря в Него, без да имам за своя правда оная, която е от закона, но оная, която е чрез вяра в Христа, тоест, правдата, която е от Бога въз основа на вяра..."

Роден в Тарсус, столицата на Киликия, Павел бил римски гражданин по рождение. Притежаването на гражданството на Рим, който управлявал света по онова време, означавало, че имал значително социално могъщество. В допълнение към това, Павел бил православен фарисей от племето на Бенхамин (Деяния 22:3) и учил под ръководството на Гамалиел, най-добрият ученик по онова време.

Като най-усърден от евреите, Павел бил сред първите, които преследвали християните. В действителност, той вървял по своя път към Дамаск, за да задържи християните, които се намирали там, когато срещнал Исус Христос. Чрез тази среща с Господ, Павел осъзнал грешките си и научил със сигурност, че Исус Христос наистина е истинският Спасител. От този момент нататък, той отрекъл своето образование, ценности и социален статус и последвал Господ.

След като срещнал Исус Христос, каква била причината,

заради която Павел считал за загуба всички онези неща, които спечелил? Той осъзнал, че цялото му познание идвало от човека, просто създание и затова било много ограничено. Той научил също, че хората могат да получат живот и да се радват на вечно щастие на Небето, като вярват в Бог и приемат Исус Христос и че началото на познанието и всяко разбиране в действителност е Бог.

Павел осъзнал, че научното познание на този свят е необходимо само за живота на този свят, но познанието на Исус Христос е най-благородната форма на познание, която може да разреши основния проблем на човека. Той установил, че в рамките на познанието на Исус Христос има неограничена сила и власт, богатство, чест и ценности. Тъй като бил убеден в този факт, той считал за загуба и ненужно цялото си научно знание и разбиране от този свят. Това било с цел да спечели Христос и да открие себе си в Него.

Ако някой е твърдоглав и мисли: „Аз знам" и е убеден в собствената си правота, казвайки: „Винаги съм прав", тогава никога няма да може да открие истинската си същност и винаги ще мисли, че е най-добър. Такъв вид човек няма да слуша другите със смирено сърце; следователно не може да научи и да разбере нищо. Въпреки това, Павел срещнал Исус Христос, най-великият учител на всички времена. За да направи собствени Неговите учения, той отхвърлил всички свои плътски мисли, които някога считал за напълно правилни. Това било, защото Павел трябвало да се освободи от неговите плътски мисли, за да придобие благородното знание на Христос.

Ето защо, апостол Павел бил способен да постигне праведността, която удовлетворявала Бог, като признал: „...и да се намеря в Него, без да имам за своя правда оная, която е от закона, но оная, която е чрез вяра в Христа, тоест, правдата, която е от Бога въз основа на вяра." (Филипяни 3:9).

Праведността, която идва от Бог

Преди да срещне Господ, апостол Павел спазвал стриктно Закона и считал себе си за праведен. След като срещнал Господ обаче и приел Светия дух, той открил неговата истинска същност и изповядал: „Вярно е това слово и заслужава пълно приемане, че Христос Исус дойде на света да спаси грешните, от които главният съм аз." (1 Тимотей 1:15). Той осъзнал, че имал първороден грях и собствени/ действително направени грехове и че все още трябвало да постигне истинска, духовна любов. Ако той бил праведен от самото начало и вървял в истината, която удовлетворявала Бога, той щял да разпознае Исус и да Му служи от самото начало. Той обаче не разпознал Спасителя и вместо това участвал в преследването на онези, които вярвали в Исус. Ето защо в действителност не бил различен от фарисеите, които заковали Исус на кръста.

По времето на Стария завет те трябвало да отвърнат око за око и зъб за зъб. Според Закона, ако някой извършвал убийство или прелюбодеяние, трябвало да бъде убит с камъни. Фарисеите обаче не разбирали истинското сърце на Бог, съдържащо се в Закона. Защо създал такива правила един Бог на любовта?

По времето на Стария завет, Светият дух не идвал в сърцата на хората. За тях било по-трудно да контролират действията си, отколкото за онези, които приемали Светия дух, Помощника, по времето на Новия завет. Ето защо, грехът така се разпространявал много бързо, когато нямало наказание, а само опрощение. Поради тази причина, за да бъдат възпрепятствани да извършват грехове и за предотвратяване на разпространяването на греховете, хората трябвало да заплащат живот за живот, око за око, зъб за зъб и крак за крак. Също така, убийството и изневярата са сериозни грехове, както и според мирянските критерии. Един човек, който извършва такъв вид грехове, има много закоравяло сърце. Би било много трудно за подобен човек да се откаже от греховете си. Ето защо, тъй като не може да получи спасение и ще отиде в Ада при всички случаи, за него би било по-добре да го убият с камъни и наказанието му да послужи като предупреждение и назидание за другите хора.

Това също е Божията любов, но Бог никога не възнамерявал или желал хората да имат правническа форма на вярата, при която човек трябвало да плати око за око и зъб за зъб. Във Второзаконие 10:16, Бог казал: „Обрежете, прочее, краекожието на сърцето си и не бивайте вече коравовратни." Еремия 4:4 гласи: „Обрежете се на Господа. И отнемете краекожието на сърцата си, Мъже Юдови и жители ерусалимски, За да не излезе яростта Ми като огън, И да не пламне така щото да няма кой да я угаси, Поради злото на делата ви."

Можете да видите, че дори по времето на Стария завет, онези пророци, които Бог признал, нямали правническа вяра. Това е защото Бог иска искрено духовна вяра и състрадание. Така, както Исус Христос изпълнил Закона с любов, онези пророци и патриарси, които приели Божията любов и благословии, искали да постигнат любов и мир.

Когато синовете на Израел се намирали на ръба на смъртта, извършвайки непростим грях, Моисей се застъпил в тяхна полза, молейки Бог да спаси тях вместо него. Павел обаче не бил такъв преди да срещне Исус Христос и не бил праведен в Божите очи. Той бил праведен в собствените си очи.

Едва след като срещнал Христос, той счел за загуба всичко, което знаел преди това и започнал да разпространява благородното знание за Христос. Водейки се от своята любов към душите, Павел установявал църкви навсякъде, където отивал и жертвал своята любов за евангелието. Той водел ценен и достоен начин на живот.

Саул не се подчинил на Бог с плътски мисли

Саул е основният пример за човек, който се противопоставя на Бог заради своите светски мисли. Миропомазан от Пророк Самуил, Саул бил първият цар на Израел, който управлявал нацията в продължение на 40 години. Преди да стане цар, той бил смирен човек. След като станал цар обаче, той малко по малко ставал все по-горд. Например, когато Израилтяните били готови да отидат на война с Филистимците и Пророк Самуил не дошъл в уговорения час и хората започнали да се разпръскват, въпреки че само свещениците трябвало да направят пожертвувание на олтара, Саул направил сам пожертвуванието по своя собствена инициатива, действайки срещу Божията воля. Когато Самуил го наказал за това, че не зачитал святите ограничения на свещениците, вместо да се покае, Саул бързо се извинил.

Той не се подчинил, когато Бог му казал да „унищожи напълно амалекитe". Вместо това заловил царя, дори пощадил добитъка и го върнал вкъщи. Тъй като позволил да го обземат плътски мисли, той поставил собствените си мисли преди Божите думи. При все това помолил хората си да го издигнат. Накрая Бог отвърнал лицето Си от него и той бил измъчван от зли духове. Макар и при тези обстоятелства, той отказал да се откаже от злото и се опитал да убие Давид, миропомазан от Бог. Бог дал на Саул много възможности да се промени, но той не бил способен да отхвърли своите плътски мисли и отново не се подчинил на Бог. Накрая тръгнал по пътя на смъртта.

Начинът за постигане на Божията праведност чрез вяра

Как можем тогава да отхвърлим плътските мисли, които са враждебни на Бог и да станем праведни в очите на Бог? Ние трябва да съборим помисли и всичко, което се издига високо против познанието на Бога, и да пленим всеки разум да се покорява на Христа (2 Коринтяни 10:5).

Да се подчиняваме на Христос не означава да бъдем оковани с белезници или нещастни. Това е път, изпълнен с благословии и вечен живот. Ето защо онези, които са приели Исус Христос като свой Спасител и са изпитали изумителната любов на Бог, спазват Словото Му и се стремят да подражават на Неговото сърце.

За да постигнем праведността на Бог чрез вяра в Исус Христос, ние трябва да отхвърлим всяка форма на зло (1 Солунци 5:22) и да се стремим да бъдем праведни. Няма да имате плътски мисли, ако нямате неистина в сърцето си. Вие получавате делото на Сатаната и вървите по грешния път, когато има неистина във Вас. Ето защо, да се подчиняваме на Христос означава да отхвърлим неистините от нас, да познаваме и да действаме според Божието слово.

Ако Бог ни казва да „посветим себе си, за да бъдем заедно", тогава трябва да го направим, без да се замисляме. Когато посещаваме религиозни служби, трябва да разберем Божите заповеди и да ги спазваме. Въпреки това, само защото познаваме Божието слово не означава, че можем да приложим веднага всичко на практика. Ние трябва да се молим, за да получим силата, с която да изпълним Словото на практика. Когато се молим, ще се изпълним със Светия дух и ще отхвърлим плътските мисли. Ако ние не се молим, плътските мисли ще ни завладеят и ще ни отклонят от правия път.

Ето защо, трябва да се молим, докато се стремим старателно да живеем според Божието слово. Преди да срещнем Исус Христос, може да сме следвали желанията на плътта, казвайки: „нека да почиваме, да се радваме, да пием, да ядем и да бъдем щастливи". След като срещнем Исус Христос обаче, трябва да медитираме за начина, по който да изпълним Неговото царство и Неговата праведност, и трябва да се трудим усилено, за да приложим на практика вярата си. Ние трябва да открием и да отхвърлим пороците, като омраза и ревност, които противоречат на Божието слово. Ние трябва да правим това, което правил Исус - да обичаме нашите врагове и да снижаваме себе си, докато служим на другите. Това означава, че постигаме праведността на Бог.

Надявам се да бъдете способни да унищожите спекулациите и всичко надменно, което противоречи на познанието за Бог, да се подчинявате в мислите си на Христос, както правил апостол Павел, за да получите мъдрост и разбиране от Бог, и да станете праведен човек, който успява във всички неща.

Речник

Праведността на вярата, подчинението и делата

Праведността на вярата означава да виждате положителния резултат с очите на вярата, вместо просто да наблюдавате действителността, като вярвате в Божието слово. Това означава да разчитате не на собствените си мисли и способности, а само на Божието слово.

Праведността на подчинението не е само подчинение на заповед, която човек може да изпълни самостоятелно със собствени сили. Това означава да изпълним една заповед в рамките на вярата, за която човек счита, че е неизпълнима. Ако човек има праведност на вярата, той може да изпълни също праведността на подчинението. Един човек, който е постигнал праведността на подчинението въз основа на своята праведност на вярата, може да се подчини с вяра, дори в обстоятелства, които са реално неизпълними.

Праведност на делата е способността да действаме според Божията воля, без да правим извинения, ако това е нещо, което изисква Бог. Способността да постигнем праведност на делата е различна за всеки човек, в зависимост от неговия/нейния характер на съда и характера на сърцето. Колкото повече човек пренебрегва собствената си полза и търси ползата за другите, толкова повече може да постигне този вид праведност.

Глава 9

Тоя, когото Господ препоръчва

„Защото не е одобрен тоя, който сам себе си препоръчва, но тоя, когото Господ препоръчва."
(2 Коринтяни 10:18)

Независимо в каква област работим, ако сме добри в това, което правим, можем да бъдем препоръчани. Има разлика обаче между това да бъдем препоръчани от случаен човек и да бъдем препоръчани от експерт в областта, в която работим. Ето защо, ако ни препоръча Господ, Царят на царете, Бог на боговете, тогава радостта ни няма да бъде сравнима с нищо друго на този свят!

Този, когото Господ хвали

Бог препоръчва онези хора, чиито сърца са праведни и които носят аромата на Христос. В Библията няма много случаи, в които Исус да прави препоръки. Когато го прави обаче, това не е директно, а по косвен начин с думи, като: „Ти направи това, което е правилно." „Запомни това." „Разпространявай това."

В Лука глава 21 е описана една бедна вдовица, която предлага две малки медни монети. Исус похвалил тази вдовица за това, че предлагала всичко, което имала, казвайки: „Истина ви казвам, че тая бедна вдовица пусна повече от всички; защото всички тия пуснаха в даровете от излишъка си; а тая от немотията си пусна целия имот, що имаше" (стихове 3-4).

В Марко, глава 14 е описана сцена, в която една жена слага скъп парфюм на главата на Исус. Някои хора, които стояли там, я смъмрили за това, казвайки: „Това миро можеше да се продаде за повече от триста пеняза, и сумата да се раздаде на сиромасите." (стих 5).

Исус отговорил: „Оставете я; защо й досаждате? Тя извърши добро дело на Мене. Защото сиромасите всякога се намират между вас, и когато щете можете да им сторите добро; но Аз не се намирам всякога между вас. Тя извърши това, което можеше; предвари да помаже тялото Ми за погребение. Истина ви казвам: Гдето и да се проповядва благовестието по целия свят, ще се разказва за неин спомен и за това, което тя стори" (стихове 6-9).

Ако искате да бъдете похвалени от Господ по този начин, трябва първо да изпълните Вашите задължения. Нека да разгледаме по-конкретно онези неща, които трябва да направим, като хора на Бога.

Да бъдем одобрени от Бог

1) Да построим старателно олтар пред Бог

Битие 12:7-8 гласи: „ГОСПОД се яви на Аврама и рече: на твоето потомство ще дам тая земя. И там издигна олтар на ГОСПОДА, който му се яви. От там се премести към хълма, който е на изток от Ветил, дето разпъна шатрата си, Ветил оставаше на запад, а Гай - на изток; и там издигна олтар на ГОСПОДА и призова ГОСПОДНОТО ИМЕ." Освен това, в Битие 13:4 и 13:18 е записано също, че Авраам построил олтар пред Бог.

В Битие глава 28 виждаме запис на това как Яков издигнал олтар пред Бог. Докато бягал от неговия брат, който се опитвал да го убие, Яков стигнал до място, където заспал с глава, положена върху камък. В съня си видял стълба, която стигала до небето, както и Божите ангели, които се качвали и слизали по стълбата, и чул гласа на Бог. Когато се събудил на следващата сутрин, Яков взел камъка, който използвал като възглавница, издигнал го като колона, излял масло върху него и възхвалявал Бог.

В днешно време, изграждането на олтар пред Бог е равностойно на ходенето на църква и присъствието на религиозни служби. Това е искреното предлагане на нещо от все сърце, докато благодарим; това е слушането на Божието слово и приемането му като храна за сърцето. Това е приемането на словото, което сме чули и прилагането му на действие. По този начин, като възхваляваме Бога в духа и истината, и докато практикуваме Словото, Бог е доволен от нас и ни води към живот, изпълнен с благословии.

2) Отправяне на молитви, които Бог иска да чуе

Молитвата е духовно дишане. Това е комуникация с Бога. Значението на молитвата е подчертано на много места в Библията. Разбира се, Той знае всичко, макар и да не Му казваме всички подробности. Въпреки това, тъй като иска да общува с нас и да споделя любов с нас, Бог направил това обещание в Матей 7:7: „Искайте, и ще ви се даде; търсете, и ще намерите; хлопайте, и ще ви се отвори."

Ние трябва да се молим, за да може душата ни да преуспява и да отидем на Небето. Само когато сме изпълнени с благоволението и силата на Бог, и с пълнотата на Светия дух, можем да отхвърлим плътските мисли, които противоречат на истината, както и да се изпълним с Божието слово - истината. Също така, ние трябва да се молим, за да станем хора на истината, хора на духа. Чрез молитвата ще преуспяваме във всичко и ще имаме добро здраве, защото душата ни също просперира.

Всички хора, които са обичани и признати от Бог, са хора, които се молят. 1 Царе 12:23 гласи: „А колкото за мене, да не даде Бог да съгреша на ГОСПОДА, като престана да се моля." За да получим нещо от Бог, което не е възможно с човешки сили, ние трябва да общуваме с Бог. Данаил, Петър и апостол Павел били хора, които се молили. Исус се молил рано сутринта и понякога по цяла нощ. Историята за това как се молил, докато потта Му се превърнала в капки кръв в Гетсиманската градина, е много известна.

3) Имайте вярата, че ще получите отговори

В Матей, глава 8, един стотник дошъл, за да види Исус. По онова време Израел бил окупиран от Рим. Един стотник от римската армия се равнява на висш военен пост в днешно време. Стотникът помолил Исус да излекува слугата му, който страдал от парализа. Исус видял любовта и вярата на стотника и решил да излекува слугата.

Стотникът обаче направил следната изповед на вярата:

„Господи, не съм достоен да влезеш под стряхата ми; но кажи само една дума, и слугата ми ще оздравее. Защото и аз съм подвластен човек и имам подчинени на мен войници; и казвам на тогова: Иди!' и той отива; и на друг: „Дойди!" и той дохожда; а на слугата си: „Стори това!" и го струва" (Матей 8:8-9).

Виждайки вярата и смиреността на стотника, които били много ценни, Исус казал: „Истина ви казвам, нито в Израиля съм намерил толкова вяра" (стих 10). Много хора желаят да имат такъв вид вяра, но ние не можем просто да имаме такава вяра според волята ни. Колкото повече добрина имаме в сърцето си и колкото повече изпълняваме Божието слово, толкова подобна вяра ще ни даде Бог. Тъй като стотникът имал добро сърце, той просто повярвал в това, което видял и чул за Исус. По този начин, Бог хвали всекиго, който вярва и прилага на действие вярата си, и Бог действа според неговата/нейната вяра.

4) Имайте смирено сърце пред Бог

В Марко, глава 7, една жена сирофиникианка се доближила до Исус със смирено сърце и Го помолила да излекува дъщеря й, която била обзета от демони. Когато жената Го помолила да излекува дъщеря й, Исус отговорил: „Остави да се наситят децата; защото не е прилично да се вземе хляба на децата и да се даде на кученцата" (стих 27). Жената не се ядосала или засегнала, въпреки че я сравнил с куче.

Тъй като имала голямо желание да получи отговор на всяка цена и обичала Исус, който бил самата Истина, тя се снижила смирено и продължила да се моли „Така Господи, но и кученцата под трапезата ядат от трохите паднали от децат" (стих 28). Исус бил впечатлен от нейната вяра и скромност и отговорил на молитвата ѝ, казвайки: „За тая дума иди си; бесът излезе от дъщеря ти" (стих 29). Ние трябва да имаме такъв вид смиреност пред Бог и когато Го търсим, да се молим.

5) Посявайте с вяра

Посяването с вяра също е част от праведността, която Бог препоръчва. Ако искате да станете богати, посявайте според закона за посяването и прибирането на плодовете. Това е валидно най-много, когато се отдават десятъци и приношения за благодарност. Дори когато разглеждаме законите на природата, можем да видим, че прибираме плодовете, които сме посели. Ако посявате пшеница, ще пожънете пшеница и ако посявате семена, ще пожънете семена. Ако посявате малко, ще пожънете малко и ако посявате много, ще пожънете много. Ако посявате в плодородна почва, ще приберете добри плодове; колкото повече подкастряте и поддържате, по-добра реколта ще получите.

Приношенията, които правим на Бог, се използват за спасение на загубените души, построяване на църкви, поддържане на мисии и помагане на хората в нужда. Ето защо, можем да изразим нашата любов към Бог чрез приношения. Приношенията се използват за постигане на Божието царство и Неговата праведност, за да може Бог да получи тези приношения с радост и да ни благослови, като отвръща 30, 60 или 100-кратно. Какво би липсвало на Създателя Бог, за да ни каже да Му направим приношения? Той ни дава възможност да пожънем това, което сме посели и да получим Неговите благословии!

Както е записано в 2 Коринтяни 9:6-7: „А това казвам, че който сее оскъдно, оскъдно ще и да пожъне; а който сее щедро, щедро ще и да пожъне. Всеки да дава според както е решил в сърцето си, без да се скъпи, и не от принуждение; защото Бог обича онзи, който дава на драго сърце."

6) Доверявайте се и разчитайте на Бог по всяко време

Давид винаги се допитвал от Бог, затова Бог го водил по пътя и му помогнал да избегне различни трудности. Давид питал Бог: „Да направя ли това или да направя ли онова?" почти за всичко и действал според Неговите напътствия (1 Царе глава 23). Затова бил способен да спечели толкова много битки. Ето защо Бог обича повече онези Свои деца, които винаги Му вярват и търсят Неговите указания. Въпреки това, Бог не може да ни помогне, ако казваме „Отче", но вярваме повече на света или на собственото си познание, отколкото на Бог.

Колкото повече вяра имаме, толкова повече можем да се допитваме до Бог и Господ може повече да ни препоръча. Във всичко, което правим, трябва да имаме мъдростта да потърсим първо и най-вече Бог и след това да очакваме Неговия отговор и наставление.

7) Спазвайте Божието слово

Тъй като Бог ни заповядал: „Спазвайте свят неделния ден", ние трябва да ходим на църква, да Го възхваляваме, да се виждаме с други вярващи и да прекарваме деня по свят начин. И тъй като ни заповядал: „Радвайте се винаги и благодарете за всичко", ние трябва да се радваме и да бъдем благодарни, независимо в какви обстоятелства се намираме.

Хората, които спазват Неговите заповеди като тези в сърцата си и се подчиняват, получават благословията да бъдат винаги в присъствието на Бог.

Чрез подчинението, Петър - ученик на Исус, преживял изключително събитие. За да плати таксите за храма, Исус казал на Петър: „иди на езерото, хвърли въдица, и измъкни рибата, която първо се закачи, и като разтвориш устата й ще намериш един статир. Вземи го и дай им го за Мене и за тебе" (Матей 17:27). Ако Петър беше отказал да повярва на думите на Исус и не беше отишъл до морето, за да хване риба, той нямаше да изпита това чудесно събитие. Петър се подчинил, хвърлил въдицата и бил способен да изпита изумителната сила на Бог.

Всички дела на вярата, записани в Библията, са много подобни. Бог действа според мярката на вярата на всеки човек. Той няма да притисне някого с малка вяра да направи нещо извън неговите/нейните способности. Той първо му/ й дава възможност да изпита силата Му, като се подчини на нещо малко и впоследствие му/й дава малко повече духовна вяра чрез това. Ето защо, следващият път ще бъде в състояние да Му се подчини с нещо малко по-голямо.

Заковете Вашите страсти и желания на кръста

Досега разгледахме нещата, които трябва да направим, за да бъдем признати, похвалени и обявени за праведни пред Бог. Освен това, когато заковем нашите плътски страсти и желания на кръста, Бог счита това за праведно и ни препоръчва. Защо се считат за грехове страстите и желанията? Галатяни 5:24 гласи: „А които са Исус Христови, разпнали са плътта заедно със страстите и похотите й." Стихът гласи, че трябва смело да отхвърлим тези неща.

„Страстта" е отдаването и приемането на сърцето. Това е близостта, която изпитвате към някого, когато го/я опознаете и изградите взаимоотношение с него/нея. Това е вярно не само за двама души, които излизат заедно, но също за близки, приятели и съседи. Заради тези „страсти" обаче можем лесно да станем предубедени и тесногръди. Например, повечето хора не прощават, когато съседът им направи малка грешка, но са много по-толерантни и разбиращи, ако децата им направят същата грешка. Тези видове плътски страсти не помагат на един народ, едно семейство или лице да останат праведни.

Същото се отнася за „желанията". Дори Давид, когото Бог много обичал, извършил тежкия грях да убие невинния съпруг на Ватшева, за да скрие факта, че е извършил прелюбодеяние с нея. По тези начини плътските страсти и желания пораждат грях, а грехът води по пътя на смъртта. Когато извърши грях, грешникът със сигурност ще бъде наказан.

В Исус Навиев, глава 7 четем за трагичното събитие, което се случило в резултат на плътското желание на един човек. След Изхода от Египет, по време на процеса на завладяване на Ханаанската земя, израилтяните пресекли река Йордан и постигнали голяма победа срещу град Йерихон. След това обаче, те били победени в битка срещу града Ай. Когато израилтяните потърсили причината за това поражение, те установили, че един мъж, наречен Ахан, пожелал и скрил една мантия и малко злато и сребро от нещата, взети от град Йерихон. Бог заповядал на израилтяните да не вземат нищо за себе си от това, което са завзели от Йерихон, но Ахан не се подчинил.

Много хора трябвало да пострадат поради греха на Ахан

и накрая Ахан и децата му били убити с камъни. Така както малко количество мая подквасява целия самун, един човек - Ахан, бил в състояние да причини провала на цялото паство на Израел. Ето защо, Бог се отнесъл с него толкова строго. Първата ни мисъл може да бъде: „Как може Бог да остави някого да умре заради кражбата само на една мантия и малко злато и сребро?" Въпреки това, има основателна причина за случилото се.

Ако един фермер, след като завърши с посева, вижда няколко бурена на земята и си казва: „О, те са само няколко...", и ги оставя да растат, след като време ще се развият и ще задушат реколтата? Тогава фермерът няма да може да получи добри плодове. Страстите и желанията са като плевелите, те стават препятствия по пътя към Небето и пътя за получаване на отговори от Бог. Те са болезнено и безполезно отвличане на вниманието, което не служи за нищо. Ето защо, Бог ни казва „да заковем тези неща на кръста".

От друга страна, Аса, третият цар от южното царство на Юда, се отказал изцяло от неговите страсти и желания, с което удовлетворил Бог (1 Царе глава 15). Като своя праотец Давид, Аса направил това, което било правилно в очите на Бог и освободил царството си от всички идоли. Когато неговата майка Мааках, направила изображение на Ашерах, той стигнал толкова далеч, че я отстранил от позицията на царица майка. След това нарязал изображението и го изгорил в потока Кидрон.

Можете да помислите, че Аса действал прекалено крайно, като отстранил майка си от позицията на царица майка, само защото почитала идол и е възможно да помислите също, че Аса не бил добър син. Въпреки това, Аса реагирал така, защото помолил майка си много пъти да спре да почита идоли. Въпреки това, тя не го послушала. Ако разгледаме тази ситуация с духовни очи, имайки предвид позицията на Мааках, нейното идолопоклонство било сякаш цялата нация почитала идола. Това би могло накрая да причини Божия гняв срещу цялата нация. Ето защо, Бог похвалил действията на Аса, който отхвърлил плътската страст за неговата майка. Той потвърдил това като правилно, за да предотврати много хора да съгрешават пред Бог.

Това не означава, че Аса се отказал от майка си. Той просто я отстранил от позицията на царица майка. Като неин син, той продължил да я обича, почита и да й служи. По същия начин, ако някой има родители, които почитат фалшиви богове или идоли, той трябва да прави всичко, което може, за да разчувства сърцата им, като прави всичко, което един син може да прави. От време на време, молейки Бог за мъдрост, той трябва да споделя евангелието с тях и да ги насърчава да се освободят от техните идоли. Тогава Бог ще бъде удовлетворен.

Патриарсите, които бяха праведни пред Бог

Бог препоръчва пълно подчинение. Той показва също силата Си на онези, които действат в пълно подчинение. Видът подчинение, което приема Бог, е подчинението, дори когато изглежда невъзможно. В 2 Царе, глава 5, виждаме разказа за главнокомандуващия на армията на царя на Арам - Нааман.

Главнокомандуващият на армията – Нааман - отишъл в съседната му държава, за да посети пророк Елисей с надеждата да се излекува от проказа. Той получил много подаръци, даже едно писмо от царя! Въпреки това, когато пристигнал там, Елисей дори не го поздравил. Вместо това, Елисей изпратил пратеник да му каже да се измие седем пъти в река Йордан. Чувствайки се много обиден, Нааман бил готов да се обърне и да се върне вкъщи. Слугите му обаче го убедили да преглътне своята гордост и да се подчини. Той измил тялото си седем пъти в река Йордан. Сигурно е било изключително трудно за втория човек след царя на Арам да преглътне своята гордост и да се подчини след начина, по който се отнесъл с него Елисей.

Елисей направил това, защото знаел, че Бог щял да го излекува, след като Нааман показал първо вярата си чрез подчинение. Бог, който се радва на подчинението ни, за разлика от пожертвуванията, се зарадвал от действието на вярата на Нааман и го излекувал напълно от проказата му. Бог цени много подчинението и получава голяма радост от хората, които са праведни.

Бог се радва също на вярата на онези хора, които не търсят собствената полза и не се сприятеляват със света. В Битие, глава 23, когато Авраам искал да погребе Сара в пещерата на Махпелах, собственикът се опитал да даде безплатно земята на Авраам. Авраам обаче не я приел. Авраам нямал сърце, което търси ползата за себе си. Затова искал да плати точната цена за земята преди да стане негова собственост.

Когато Содом бил победен във война и племенникът му Лот бил заловен, Авраам не само спасил неговия племенник, но спасил също и други, които били от Содом и върнал и техните притежания. Когато царят на Содом опитал да му се отплати в знак на уважение за това, което направил, Авраам отказал. Той не приел нищо. Тъй като сърцето му било праведно, той не изпитвал алчност или желание да вземе нещо, което не му принадлежало.

В Данаил, глава 6 виждаме, че Данаил знаел много добре, че молейки се на Бог, щял да бъде убит заради онези, които заговорничили срещу него. Въпреки това, той продължавал да бъде праведен пред Бог, като не преставал да се моли. Той не отстъпил дори за момент, за да спаси собствения си живот. Заради това, което направил, той бил захвърлен в бърлогата на лъва, но останал невредим и напълно защитен. Той свидетелствал за живия Бог и Го възхвалявал.

Въпреки че бил обвинен погрешно и захвърлен в затвора без причина, Йосиф не се оплаквал и не се сърдел на никого (Битие, глава 39). Той поддържал себе си чист, придържал се към истината и следвал само пътя на праведността. Ето защо с Божията воля, той бил освободен от затвора и се издигнал на почетната длъжност на министър председател на Египет.

Затова трябва да служим на Бог и да бъдем праведни пред Него, като правим това, което се изисква от нас. Трябва също да удовлетворим Бог като правим нещата, които Господ ни е заповядал да правим. Когато правим това, Бог ще ни издигне, ще отговори на желанията на сърцата ни и ще ни ръководи за живот, изпълнен с благополучие.

Речник

Разликата между „Аврам" и „Авраам"

„Аврам" е оригиналното име на Авраам, бащата на вярата (Битие 11:26).

„Авраам", което означава „баща на много нации", е името, което Бог дал на Авраам, за да направи спогодба за благословия с него (Битие 17:5). След тази спогодба той станал източникът на благословии като баща на вярата. И той бил наречен „приятел на Бог".

Благословии, които са натъпкани, стърсени, препълнени и 30, 60 и 100-кратни благословии

Ние получаваме благословии от Бог според степента, в която Му вярваме и изпълняваме Словото Му в живота ни. Макар и все още да не сме отхвърлили всички греховни природи от сърцата ни, когато посяваме и жънем с вяра, получаваме благословии, които са натъпкани, стърсени, препълнени, които са повече от два пъти от това, което сме посели (Лука 6:38). Ако станем осветени и отидем в духа, като се борим срещу греховете, проливайки кръв, за да ги отхвърлим изцяло, тогава можем да пожънем благословии, които са повече от 30-кратни. Освен това, ако постигнем пълен дух, ще пожънем благословии, които са 60 или дори 100-кратни.

Глава 10

Благословия

„Тогава Господ каза на Аврама: Излез от отечеството си, измежду рода си и из бащиния си дом, та иди в земята, която ще ти покажа. Ще те направя голям народ; ще те благословя, и ще прославя името ти, и ще бъдеш за благословение. Ще благословя ония, които те благославят, а ще прокълна всеки, който те кълне; и в тебе ще се благославят всички земни племена. И тъй, Аврам тръгна според както му рече Господ, и Лот тръгна с него. А Аврам беше на седемдесет и пет години, когато излезе от Харан. Авраам направил това, което му казал ГОСПОД и Лот отишъл с него. Аврам бил на седемдесет и пет години, когато тръгнал от Харан."
(Битие 12:1-4)

Бог иска да благослови хората. Има обаче случаи, когато Бог избира някого, когото да благослови и има случаи, когато един човек решава сам да бъде обхванат в границите на Божите благословии. Някои хора избират да бъдат обхванати от Божите благословии, но след това ги напускат. Има също така хора, които нямат нищо общо с благословии. Нека първо да разгледаме случаите, когато Бог избира някого, за да го благослови.

Авраам, Бащата на вярата

Бог е първият и последният, началото и краят. Той е проектирал потока на историята на човечеството и продължава да го води. Да кажем например, че строим къща. Разработваме дизайн, като преценяваме колко време ще продължи строителството, какви материали ще се използват, колко стомана и колко бетон ще са необходими, и от колко стълбове ще се нуждаем. Ето защо, ако разгледаме историята на човечеството и Божия дом, има няколко основни личности, които са подобни на „стълбовете" на Божия дом.

За да изпълни Своето провидение, Бог избира определени хора, които да кажат на другите, че Бог наистина е жив Бог и че Небето и Адът наистина съществуват. Ето защо Бог избира тези хора да действат като стълбове. И можем да видим, че те са доста различни от обикновените хора по отношение на чувствата в сърцата им и тяхната страст към Бога. Един от тези хора е Авраам.

Той е живял преди около четири хиляди години и е роден в Ур Халдейски. Ур е древен шумерски град, разположен надолу по течението и на западния бряг на река Ефрат в люлката на месопотамската цивилизация.

Авраам бил толкова обичан и признат от Бога, че го нарекли „приятел на Бога". Той се радвал на всякакви благословии от Бога, включително потомство, богатство, здраве и дълъг живот. Не само това, но както казал Бог в Битие 18:17: „Да скрия ли от Авраама това, което ще сторя?" Бог ясно разкрил на Авраам дори събитията, които щели да се случат в бъдеще.

Бог счита вярата за праведност и дава Неговите благословии

Какво мислите, че видял Бог в Авраам, което толкова Му харесало, че излял върху него толкова много благословии? Битие 15:6 гласи: „И Авраам повярва в Господа; и Той му го вмени за правда." Бог считал вярата на Авраам за праведност.

Бог му казал: „Тогава Господ каза на Аврама: Излез от отечеството си, измежду рода си и из бащиния си дом, та иди в земята, която ще ти покажа. Ще те направя голям народ; ще те благословя, и ще прославя името ти, и ще бъдеш за благословение." (Битие 12:1-2). Бог не му казал точно къде да отиде или какъв вид земя да очаква. Бог не му дал подробен план как трябвало да живее след като напуснел родния си град. Той му казал само да тръгне.

Какво щяло да стане, ако Авраам имал плътски мисли? Очевидно било, че след като напуснел къщата на баща си, той щял да стане скитник и ровър. Вероятно щели да му се присмиват. Ако беше взел тези неща под внимание, може би нямаше да може да се подчини. Въпреки това, Авраам никога не се усъмнил в Божието обещание за благословии и просто вярвал в Него. Затова се подчинил безусловно и си тръгнал. Бог знаел какъв вид съд представлявал Авраам и затова обещал да образува велика нация от него. Бог обещал също да стане благословение.

Бог обещал на Авраам в Битие 12:3: „Ще благословя ония, които те благославят, а ще прокълна всеки, който те кълне. И в тебе ще се благославят всички земни племена." След това, когато Бог видял как Авраам се отказал от правото си и пожертвал себе си за своя племенник Лот, Бог му дал друга благословия. Битие 13:14-16 гласи: „Повдигни сега очите си от мястото гдето си, та погледни към север и юг, изток и запад; защото цялата земя, която виждаш, ще дам на тебе и на потомството ти до века. И ще направя потомството ти многочислено като земния прах; така щото, ако може някой да изброи земния прах то и твоето потомство ще изброи." Бог му обещал също в Битие 15:4-5, „...но оня, който ще излезе от твоите чресла, ще ти бъде наследник" Тогава, като го изведе вън, каза: Погледни сега на небето и изброй звездите, ако можеш ги изброи. И рече му: Толкова ще бъде твоето потомство."

След като дал на Авраам тези мечти и видения, Той повел Авраам през изпитания. Защо се нуждаем от изпитания? Да кажем, че един треньор или инструктор е избрал спортист с голям потенциал - достатъчно, за да представлява страната си на Олимпиадата. Този спортист обаче не може автоматично да стане златен медалист. Спортистът трябва да издържи, да продължи с безкрайни тренировки и да полага усилия, за да постигне мечтата си.

Същото било и с Авраам. Той трябвало да придобие качествата и характеристиките, от които се нуждаел, за да изпълни Божието обещание, преминавайки през изпитания. Ето защо, дори когато преминавал през тези изпитания, Авраам отговарял само с „Амин" и не обръщал внимание на собствените си мисли. Също така, той не търсил собствената си полза, нито изпитвал егоизъм, омраза, негодувание, оплаквания, скръб, ревност или завист. Той просто вярвал в Божието обещание за благословения и се подчинявал с постоянство.

Тогава Бог му дал още едно обещание. В Битие 17:4-

6, Бог казал на Авраам: „Ето, Моят завет е с тебе; и ти ще станеш отец на множество народи. Не ще се именуваш вече Аврам, но името ти ще бъде Авраам; защото те направих отец на множество народи. Ще те наплодя твърде много и ще произведа народи от тебе; и царе ще произлязат от тебе."

Бог прави качествени съдове чрез изпитания

Някои хора се молят на Бог, имайки мечти, които произтичат от тяхната алчност. Те могат от алчност да помолят Бог за добра работа или богатство, което не им подхожда. Ако се молим по този начин от егоизъм, няма да получим отговор от Бога (Яков 4:3).

Затова трябва да се молим за сънища и видения, които идват от Бога. Когато имаме вяра в Божието Слово и се подчиняваме, Светият Дух поема сърцата ни и ни води, за да изпълним мечтите си. Не можем да видим нито една секунда в бъдещето. Въпреки това, ако следваме напътствието на Светия Дух, който знае всичко, което ще се случи в бъдеще, тогава ще изпитаме Божията сила. Когато отстраняваме нашите плътски мисли и се покоряваме на Христос, Светият Дух ни обзема и ни води.

Ако Бог ни даде сън, ние трябва да го пазим на сигурно място в сърцата си. Само защото сънят не се сбъдва след молитви в продължение на един ден, един месец или една година, не трябва да се оплакваме. Бог, който ни дава мечтите и виденията, понякога ни води през изпитания, за да ни превърне в съдове, които са достойни да изпълнят тези мечти и видения. Когато станем хора, които знаят как да се покоряват на Бога чрез тези изпитания, това е времето, когато получаваме отговор на нашите молитви. Но тъй като мислите на Бог и човешките мисли са различни, ние трябва да осъзнаем, че изпитанията ще продължат, докато не бъдем способни да отстраним нашите плътски мисли и да се покоряваме с вяра. Затова трябва да помним, че получаваме изпитания, за да можем да получим отговори от Бога, така че трябва да ги приемем с благодарност, вместо да се опитваме да ги избегнем.

Бог подготвя изход, дори по време на изпитания

Ако сме покорни, Бог прави така, че всички неща да работят заедно за добро. Той винаги ще ни дава изход от изпитанията. В Битие, глава 12, ще видите, че след като пристигнал на Ханаанската земя, там имало голям глад и Авраам отишъл в Египет.

Тъй като жена му Сара била много красива, Авраам се страхувал, че някой в Египет можел да я пожелае и да го убие, за да я има. По онова време това било доста възможно, така че Авраам я представил за негова сестра. Технически, Сара била неговата полусестра, така че това не било лъжа. Вярата на Авраам по онова време не била напълно култивирана до такава степен, че да се консултира с Бог за всичко. Ето защо това било случай, в който зависел от своите плътски мисли.

Сара била толкова красива, че египетският фараон заповядал да я заведат в двореца му. Авраам считал, че да представи на хората съпругата си като негова сестра в случая било най-доброто, но това станало причина да я загуби. Чрез този инцидент Авраам си взел поука и от този момент нататък се научил да възлага всичко на Бога.

Бог предизвикал големи чуми на Фараона и на дома му заради Сара и Фараонът веднага върнал Сара на Авраам. Тъй като Авраам зависел от своите плътски мисли, той преживял временни трудности, но накрая останал невредим и получил огромна материална полза, включително овце, добитък, слуги и магарета. Както е написано в Римляни 8:28: „Но знаем, че всичко съдейства за добро на тия, които любят Бога, които са призовани според Неговото намерение", за хората, които са Му послушни, Бог подготвя изход от изпитанията и остава с тях чрез изпитанията. Те може да имат трудности за момент, но в крайна сметка ще ги преодолеят с вяра и ще получат благословии.

Нека да предположим, че някой получава всеки ден част от своята ежедневна заплата. Ако спазва Деня на Господ, семейството му трябва да гладува за един ден. В тази ситуация един вярващ човек ще се подчинява на Божията заповед и ще спазва Господния Ден, дори ако това означава да остане гладен. Ще останат ли гладни тогава този човек и семейството му? Със сигурност не! Точно както Бог изпратил манна, за да нахрани израилтяните, Бог ще храни и ще обича също хората, които Му се подчиняват.

Ето защо Исус казал в Матей 6:25: „Не се безпокойте за живота си, какво ще ядете или какво ще пиете, нито за тялото си, какво ще облечете." Птиците във въздуха не сеят, не жънат, нито съхраняват храна. Лилиите на полето не работят и не се въртят. Бог обаче ги храни и ги облича. Нима няма Бог да се погрижи за собствените Си деца, които Му се покоряват и търсят Неговата воля, за да не се изправят пред трудности?

Бог благославя дори по време на изпитания

Когато наблюдаваме онези хора, които са действали според Божието Слово и са се придържали към праведния път, виждаме, че дори по време на изпитанията Бог прави така, че всички неща да завършат добре в края на краищата. Макар и настоящите обстоятелства пред очите им да изглеждат трудни и обезпокоителни, в крайна сметка обстоятелствата се превръщат в благословия.

Когато южното царство на Юда било разрушено, тримата приятели на Даниил били отведени в плен във Вавилон. Въпреки че били заплашени да бъдат хвърлени в пещта, те не идолопоклонствали и не се сприятелили със света. Те вярвали в Божията сила и били убедени, че Бог щял да ги спаси, дори да бъдат хвърлени в пещта. Дори да не били спасени, те били решени да се придържат към вярата си и да не се покланят на идоли. Това е видът вяра, която показали. Божият закон за тях бил по-важен от закона на тяхната страна.

Чувайки за неподчинението на тези млади мъже, царят се разгневил и повишил температурата на пещта седем пъти повече от първоначалната температура. Тримата приятели на Данаил били вързани и хвърлени в пещта. Бог ги пазел, затова нито един косъм не изгорял от главата им и нямало следи от огън по тях (Даниил 3:13-27).

Същото се отнасяло и за Даниил. Въпреки че имало декрет, който гласял, че ако някой се моли на друг човек или на бог, различен от царя, щял да бъде хвърлен в бърлогата на лъва, Даниил се подчинил само на Божията воля. Той не е извършил греха да престане да се моли и следвайки всекидневната си рутина, продължил да се моли с лице, обърнато към Йерусалим три пъти на ден. В крайна сметка Даниел бил хвърлен в бърлогата на лъва, но Бог изпратил ангелите и затворил устата на лъвовете, така че Даниил останал напълно невредим.

Колко е красиво да видиш някой, който не прави компромис със света, за да запази вярата си! Праведните хора живеят само с вяра. Когато удовлетворявате Бога с вяра, Той ще отговори с благословения. Дори и да бъдете притиснати до степен, която изглежда, че е на ръба на живота, ако се подчинявате и показвате вярата си до горчивия край, Бог ще Ви намери и винаги ще бъде с Вас.

Авраам бил благословен също по време на изпитания. Не само това, но дори хората, които го придружавали, били благословени заради него. Днес водата е много ценна в районите на Близкия Изток, където се намира Израел. Тя била също много ценна и по времето на Авраам. Там обаче, където отивал Авраам, водата не само била в изобилие, но той бил толкова благословен, че неговият племенник Лот също споделял благословиите и имал големи стада, животни, сребро и злато.

Притежанието на много говеда в онези дни означавало изобилие от храна и голямо богатство. Когато племенникът му Лот бил пленен, Авраам взел 318 от обучените си служители, за да го спасят. Този факт сам по себе си ни казва колко бил богат. Заради Авраам, който спазвал старателно Божието Слово, земята и районът, в който живял, били благословени и хората, които се намирали с него, също били благословени.

Дори и царете от съседните страни не могли да направят

нищо на Авраам, защото го ценяли високо. Авраам получил всички благословии, които човек може да има в този живот: слава и богатство, сила, здраве и деца. Както е написано във Второзаконие глава 28, Авраам бил човек, който получавал благословения, когато влизал и когато излизал. Също така, като истинско Божие дете, той станал коренът на благословенията и бащата на вярата. Освен това, той разбрал дълбокото сърце на Бог, за да може Бог да сподели сърцето Си с Авраам и да го нарече негов „приятел". Каква слава и какви благословения!

Качеството на съда на Авраам

Причината, поради която Авраам бил толкова благословен, била, че той имал добър „характер на съда". Той бил човек, който изпитвал любовта, описана в 1 Коринтяни, глава 13, и получил деветте плода на Светия Дух, както е описано в глава 5 на Галатяни.

Например, Авраам действал с добрина и любов във всички неща. Той никога не мразил, нито пък се натъквал на вражда с други хора. Той никога не обръщал внимание на слабостта на друг човек и служил на всички хора. Имал плода на радостта, независимо от изпитанията, пред които се изправял, затова никога не станал тъжен или гневен. Доверявал се напълно на Бог и можел да се радва по всяко време. Независимо от ситуацията, той никога не реагирал емоционално и не вземал предубедени решения, а бил търпелив и винаги слушал Божия глас.

Авраам бил също милостив човек. Когато трябвало да се

раздели с племенника си Лот, въпреки че бил по-възрастен от него, той дал на Лот да избере първи земята, която искал, като казал: „Ако ти отидеш наляво, аз ще отида надясно. Ако ти отидеш надясно, аз ще отида наляво" и оставил Лот да избере по-хубавата земя. Много хора ще помислят, че един човек на високопоставена длъжност или с висок ранг би трябвало да направи по-добър избор. Въпреки това, Авраам бил човек, който отстъпвал на другите и който служел и се жертвал за другите.

Също така, Авраам култивирал сърце на духовна добрина и се застъпил за хората, когато Лот трябвало да бъде унищожен заедно със земята на Содом (Битие 18:22-32). В резултат на това, той получил обещание от Бог, че нямало да унищожи града, ако там имало поне десет праведни хора. В Содом и Гомор обаче нямало десет праведни хора и градовете били унищожени. Дори и тогава обаче, Бог спасил Лот заради Авраам.

Както е записано в Битие 19:29: „И тъй, когато Бог разоряваше градовете на тая равнина, Бог си спомни за Авраама и изпрати Лота изсред разорението, когато разори градовете, дето живееше Лот", Бог спасил любимия племенник на Авраам - Лот, за да не натъжава сърцето му.

Авраам бил предан на Бог до такава степен, че пожертвал единствения си син Исак, с който се сдобил на сто-годишна възраст. Независимо дали докато учил сина си или в отношенията си с неговите прислужници и съседи, той бил толкова съвършен и предан на Бог, че могло дори да се счита за безгрешен. Никога не влизал в противоречие с никого, а винаги бил спокоен и внимателен. Служил и помагал на другите с красиво сърце. Запазвал такова самообладание, че никога не се държал неудачно и не преминавал никакви граници с всичко, което правел.

Ето защо, Авраам получил изцяло деветте плода на Светия дух и никога не му липсвал никакъв плод. Той имал също добро сърце и бил много добър съд. Въпреки това, изобщо не е трудно човек да стане благословен като Авраам. Ние трябва само да му подражаваме. Тъй като всемогъщият създател Бог е нашият Баща, защо не би отговорил Той на молитвите и молбите на Своите деца?

Този процес на превръщането ни в Авраам не трябва изобщо да е труден. Единствената трудна част е ако мислите ни предадат. Богът на Авраам ще се грижи за нас и ще ни води по пътя на благословиите, ако се доверим изцяло, разчитаме на Бог и Му се подчиняваме!

Речник и обяснение на понятията

Подчинението и благословиите на Ной, праведен човек

„Ето Ноевото потомство. Ной беше човек праведен, непорочен между съвременниците си; той ходеше по Бога. И Ной роди три сина: Сима, Хама и Яфета" (Битие 6:9-10).

Първият човек Адам прекарал дълго, дълго време в Райската градина. След като съгрешил обаче бил изгонен от Райската градина и по-късно заживял на Земята. Около 1000 години по-късно Ной бил роден като потомък на Сет - човек, който почитал Бог. Ной, който също бил потомък на Енох, се учил от своя баща Ламек и своя дядо Метуселах, и станал праведен човек в един грешен свят. Тъй като искал да даде на Бог всичко, което имал, той пазил сърцето си чисто и не се оженил, докато не открил, че Бог имал специален план за живота му. Ето защо, на петстотин годишна възраст Ной се оженил и създал семейство (Битие 5:32).

Ной знаел за осъждането с потопа и че култивацията на човечеството щяла да започне отново чрез него. Ето защо посветил живота си на спазването на Божията воля. Поради тази причина Бог избрал Ной, който бил праведен човек и щял да Му се подчинява от все сърце за изграждането на ковчег, без да се отдава на собствените си мисли, основания или извинения.

Духовното значение на Ноевия ковчег.

„Направи си ковчег от гоферово дърво; стаи да направиш в ковчега; и да го измажеш отвътре и отвън със смола. Направи го така: дължината на ковчега да бъде триста лакти, широчината му петдесет лакти, а височината му тридесет лакти. Прозорец направи на ковчега, като изкараш ковчега без един лакът до върха, а вратата на ковчега постави отстрана; направи го с долен, среден и горен етаж." (Битие 6:14-16).

Ноевият ковчег имал масивна структура: 138 метра дълъг, 23 метра широк и 14 метра висок, изграден преди около 4,500 години. В резултат на влиянието на хората в Райската градина, знанието и уменията на Ной били изключителни, но тъй като изградил ковчега, както му казал Бог, Ной, осемчленното му семейство и всички видове животни оцелели по време на 40-дневния потоп, като останали в ковчега за повече от година.

Ковчегът в духовен смисъл символизира Божието слово и влизането в него означава спасение. Трите палуби в ковчега символизират факта, че Триединният Бог - Бащата, Синът и Светият дух - ще завършат историята на човешката култивация.

Планината Арарат, където се озовал ковчегът

Осъждането с наводнение, което се случило по време на Божието правосъдие

„Тогава Господ рече на Ноя: Влез ти и целия ти дом в ковчега; защото в това поколение тебе видях праведен пред Мене." (Битие 7:1).

„Защото още седем дни и Аз ще направя да вали дъжд по земята четиридесет дни и четиридесет нощи; и ще изтребя от лицето на земята всичко живо, що съм направил." И Ной извърши всичко, според както му заповяда Господ." (Битие 7:4-5).

Бог дал на Бог много възможности да се разкае преди потопа. По време на всички години, които били необходими за завършване на ковчега, Бог поръчал на Ной да провъзгласи посланието за разкаяние на хората, но единствените хора, които вярвали и се подчинили на Ной, били близките му. Отиването в ковчега означава да оставите зад Вас всички неща, които харесвате на света, и да ги отхвърлите.

Въпреки че хората отишли прекалено далеч, за да се откажат, Бог им дал дори седем-дневно предупреждение, за да се покаят и да избегнат осъждането. Той не искал да бъдат съдени. Със Своето сърце, изпълнено с любов и милосърдие, той им дал възможността да избегнат мъчителния край. Въпреки това, нито един човек не се разкаял и не влязъл в ковчега. В действителност съгрешавали още повече! Накрая били осъдени с потоп.

Относно осъждането

„... а за съдба, защото князът на тоя свят е осъден."

(Йоан 16:11)

„ГОСПОД съди племената; съди и мене, ГОСПОДИ, според правдата ми; и според моето незлобие нека ми бъде." (Псалми 7:8)

„А при все това ти казваш: Невинна съм, за туй гневът Му непременно ще се отвърне от мене. Ето, Аз ще се съдя с тебе За гдето казваш: Не съм съгрешила." (Еремия 2:35)

„А пък Аз ви казвам, че всеки, който се гневи на брата си, излага се на съд; и който рече на брата си Рака, излага се на Синедриона; а който му рече: Бунтовни безумецо, излага се на огнения пъкъл." (Матей 5:22)

„… и ще излязат; ония, които са вършили добро, ще възкръснат за живот, а които са вършили зло, ще възкръснат за осъждане." (Йоан 5:29)

„И тъй като е определено на човеците веднъж да умрат, а след това настава съд." (Евреи 9:27)

„Защото съдът е немилостив към този, който не е показал милост. Милостта тържествува над съда." (Яков 2:13)

„Видях и мъртвите големи и малки, стоящи пред престола; и едни книги се разгънаха; разгъна се и друга книга, която е книгата на живота; и мъртвите бидоха съдени според делата си по написаното в книгите." (Откровение 20:12)

Глава 11

Грехът на неподчинението на Бог

„А на човека рече: Понеже си послушал гласа на жена си и си ял от дървото, за което ти заповядах, като казах: Да не ядеш от него, то проклета да бъде земята поради тебе; със скръб ще се прехранваш от нея през всичките дни на живота си." Тръни и бодли ще ти ражда; и ти ще ядеш полската трева. С пот на лицето си ще ядеш хляб, докато се върнеш в земята, защото от нея си взет; понеже си пръст и в пръстта ще се върнеш."
(Битие 3:17-19)

Много хора казват, че животът е труден. Библията гласи, че да се родиш в този свят и да живееш в него е мъчително. В Йов 5:7, Елифаз казал на Йов, който се измъчвал: „Но човек се ражда за печал, както искрите, за да хвъркат високо" - човек, който има малко мъки, за да живее и човек, който има много трудности за различен проблем в живота. И след като човек работи усилено за определена цел и изглежда, че целта е постигната донякъде, здрачът на живота е наближил. Когато часът настъпи, дори и най-здравият човек умира в известен смисъл.

Нито един човек не може да избегне смъртта, затова ако се замислите върху нея, животът е като преходна мъгла или висок облак. И така, каква е причината, поради която хората се сблъскват с всички тези различни видове изпитания в това „трудно колело" на живота? Първата и първоначална причина е поради греха на непокорството на Бога. Чрез Адам, Саул и Каин можем да видим подробно последствията от извършването на греха на непокорството на Бога.

Адам - човек, създаден по образ на Бога

Създателят Бог създал първия човек Адам по Свой собствен образ, след това вдъхнал в ноздрите му дъха на живота и той станал живо същество или жив дух (Битие 2:7). Бог създал градина на изток в Едем и поставил човека там. И Господ Бог заповядал на човека: "От всяко дърво в градината свободно да ядеш; но от дървото за познаване доброто и злото, да не ядеш от него; защото в деня, когато ядеш от него, непременно ще умреш." (Битие 2:16-17).

И като видя, че не е добре за Адам да бъде сам, Бог взел едно от ребрата на Адам и направил Ева. Бог ги благословил и им казал да се плодят и да се размножават. Той позволил на човека също да владее над морските риби, небесните птици и над всяко живо същество, което се движи по земята (Битие 1:28). Получавайки това велико благословение от Бога,

Адам и Ева имали много за ядене, много потомци и водили проспериращ живот.

В началото, точно като новородено бебе, Адам нямал нищо регистрирано в паметта му. Паметта му бира напълно празна. Въпреки това, Бог придружавал Адам и го учил на много неща, за да може да живее като господар над всички творения. Бог учил Адам за Себе Си, за Вселената и за духовни закони. Бог учел Адам също така как да живее като духовен човек. Той го научил на знанието за доброто и злото. В продължение на много години Адам се подчинявал на Божиите думи и дълго време живял в Едемската градина.

Адам ял от забранения плод

Станало така, че един ден врагът дявол и Сатаната, владетелят на въздуха, подстрекал змията, която е най-хитрото от всички животни, и изкушил Ева чрез нея. Змията, подбудена от Сатана, знаела, че Бог казал на човека да не яде от дървото в центъра на Едемската градина. За да изкуши Ева обаче, змията попитала: „Бог наистина ли каза: "Не трябва да ядете от никое дърво в градината"?" (Битие 3:1)

Как отговорила Ева на този въпрос? Тя казала: „От плода на градинските дървета можем да ядем; но от плода на дървото, което е всред градината, Бог каза: Да не ядете от него, нито да се допрете до него, за да не умрете." (Битие 3:2-3). Бог казал изрично: „В деня, когато ядеш от него, непременно ще умреш" (Битие 2:17). Защо Ева променила думите на Бог с „за да не умрете"? „За да" означава „поради страх от". Тези думи означават, че няма безусловност. „Да имаш страх от смъртта" и „Да умреш със сигурност" са две различни неща. Това доказва, че тя не вписала Божиите думи в сърцето си. Отговорът й доказва, че тя нямала безусловна вяра във факта, че „със сигурност ще умрат".

Коварната змия не пропуснала тази възможност и веднага отговорила: „Никак няма да умрете; но знае Бог, че в деня, когато ядете от него, ще ви се отворят очите и ще бъдете, като Бога, да познавате доброто и злото." (Битие 3:4-5). Змията не само излъгала, но дори породила алчност в Ева! И тъй като змията породила алчността в съзнанието на Ева, дървото на познанието за добро и зло, което Ева никога преди това на помислила да докосване или да се приближи до него, всъщност започнало да изглежда добро и вкусно. То изглеждало достатъчно добре, за да направи някого мъдър! Накрая Ева изяла забранения плод и дала на съпруга си да яде също от него.

Резултатът от греха на Адам да не се подчини на Бог

По този начин Адам, прародителят на човечеството, не се подчинил на Божията заповед. Тъй като Адам и Ева не записали Божието слово в сърцата си, те се поддали на изкушението на врага дявол и Сатаната и не се подчинили на Божията заповед. Ето защо, както казал Бог, Адам и Ева трябвало „със сигурност да умрат".

Въпреки това, както четем в Библията, те не умрели веднага. Те всъщност живели много повече години и имали много деца. Когато Бог казал: „Със сигурност ще умрете",

Той нямал предвид просто физическа смърт, когато човек спира да диша. Той имал предвид основната смърт, която представлява умирането на духа. Първоначално човекът бил създаден с дух, който можел да общува с Бога, душа, която била контролирана от духа, и тялото, което служило за подслон за духа и душата (1 Солунци 5:23). И така, когато човекът нарушил Божията заповед, духът, който е господар на човека, умрял.

Тъй като духът на човека умрял в резултат на греха на неподчинението на Бога, неговата комуникация с Бога била прекъсната, така че не можел повече да живее в Едемската градина. Един грешник не може да съжителства с Бога в Неговото присъствие. Тогава започнали трудностите на човечеството. Болката при раждането на жената била многократно увеличена, тя трябвало да ражда деца с болка; желанието й щяло да бъде за мъжа й и той щял да я владее. И човекът трябвало да се труди през всичките дни на живота си, за да яде от земята, която била прокълната заради него (Битие 3:16-17). Всички творения били прокълнати заедно с Адам и трябвало да страдат с него. На всичкото отгоре всичките потомци на Адам, родени от неговата родова линия, са родени като грешници и са поставени по пътя на смъртта.

Причината, заради която Бог поставил дървото на доброто и злото

Някой може да се запита: „Нима не знаел Всемогъщият Бог, че Адам щял да яде от забранения плод? Ако Той е знаел, защо го оставил в Едемската градина и позволил на Адам да не се подчини? Ако забраненият плод не съществуваше, това нямаше ли да предотврати съгрешаването на Адам?" Ако Бог не беше поставил забранения плод в градината, щяха ли Адам и Ева да изпитат благодарност, радост, щастие и любов? Целта на Бог като поставил забранения плод в Едемската градина не била да тръгнем по пътя на смъртта. Провидението на Бог било да ни научи за относителността.

Тъй като всичко в Едемската градина било от истината, хората в Градината не знаели какво е неистината. Тъй като злото не съществувало там, хората не знаели каква е омраза, страдание, болест или смърт. Ето защо, относително казано, хората там не знаели, че животът им бил изпълнен с истинско щастие. Тъй като никога не изпитвали нещастие, те не знаели какво е истинското щастие и истинско нещастие. Ето защо било необходимо дървото на познанието за доброто и злото.

Бог искал да има истински деца, които да разбират какво представляват истинската любов и щастие. След като първият човек Адам знаел какво представлявало истинското щастие, докато живял в Едемската градина, как могъл да не се подчини на Бога? Ето защо Бог поставил дървото на знанието в Градината и култивира хората тук на земята, за да могат да научат относителността на нещата. Чрез този процес на култивиране, човек преживява едновременно успех и провал, изпитва добро и лошо - всичко по относителен начин. Само когато човек научи истината чрез този процес, ще разбере наистина и да обича Бога от все сърце.

Начинът да се освободим от проклятието, причинено от греха

Докато Адам живял в Едемската градина, той се подчинявал на Бога и научавал за доброто от Бога. След неподчинението му обаче, потомците му станали роби на врага дявол и те ставали все по-порочни с всяко следващо поколение. Колкото повече време минавало, по-порочни ставали. Те не само се раждали с греха, който наследявали от родителите си, но също така извършвали повече грях в съзнанието си, докато растели и се учели от това, което виждали и чували. Бог знаел, че Адам щял да яде от забранения плод. Той знаел, че целият свят щял да се изпълни с грях. Той знаел също, че хората щели да тръгнат по пътя на смъртта. Затова приготвил Спасителя, Исус Христос, преди вековете. Когато настъпило определеното време, Той изпратил Исус на този свят.

За да научи хората на Божията воля, Исус проповядвал Евангелието на небесното царство и извършвал знамения и чудеса. Тогава Го разпънали на кръста и пролял свещената Си кръв, за да плати цената на греха на цялото човечество. Следователно, всеки, който приеме Исус Христос, получава Светия Дух като дар. Пътят към спасението е отворен за онези, които отхвърлят неистината и живеят в истината, следвайки напътствието на Светия Дух. Ако хората възстановят Божия образ, който някога са загубили, ако почитат Бог и спазват заповедите Му, което е цялото задължение на хората (Еклесиаст 12:13), тогава ще се радват на всички благословии, които Бог е приготвил за тях. Те ще се радват не само на богатство и здраве, но и на вечен живот във вечни благословии.

Както е обяснено, когато влезем в Светлината, ще бъдем освободени от примката на проклятието на греха. Колко мирно става нашето сърце след като се покаем и изповядаме, отхвърлим греховете си и решим да живеем според Божието Слово! Когато вярваме в Божието Слово и получаваме молитва, ще видим как сме освободени от болести, трудности, изпитания и скърби. Бог се радва на децата Си, които приемат Исус Христос и живеят в праведност, и ги освобождава от всички проклятия.

Резултатът от греха на Саул да не се подчини на Бог

Саул стана първият цар поради желанието на израилтяните за цар. Той бил от племето на Вениамин и нямало друг, който да е толкова елегантен и нежен, колкото той в Израел. По времето, когато Саул бил избран цар, той бил много смирен човек, който се смятал за по-нискостоящ от другите. След като станал цар обаче, малко по малко Саул започнал да не се подчинява на Божията заповед. Той подценявал позицията на първосвещеника и действал глупаво (1 Царе 13:8-13), извършвайки накрая греха на неподчинението.

В 1 Царе, глава 15, Бог казал на Саул да унищожи напълно амалекитите, но Саул не се подчинил. Причината, поради която Бог му казал да унищожи амалекитите, е записана в Изход, глава 17. Докато израилтяните напредвали към

Ханаанската земя, след като излезли от Египет, амалекитите воювали против израилтяните.

Поради тази причина, Бог обещал да изличи съвсем спомена на Амалика под небето (Изход 17:14) и тъй като Бог е непоколебим, Той планирал да изпълни това обещание стотици години по-късно в името на Саул. Бог заповядал чрез пророк Самуил: „Иди сега та порази Амалика, обречи на изтребление всичко, що има, и не го пожали; но избий мъж и жена, дете и бозайниче, говедо и овца, камила и осел." (в. 3).

Въпреки това, Саул не се подчинил на Бог. Той върнал цар Агаг като затворник, както и най-доброто от овцете, воловете, угоените, агнетата и всичко, което било в добро състояние. Искал да покаже печалбите си на хората и да получи тяхната похвала. Саул направил това, което според него било правилно, но не се подчинил на Бога. Пророк Самуил обяснил по разбираем за Саул начин, но Саул все още не се разкаял, а вместо това се извинявал (1 Царе 15:17-21). Саул казал, че върнал избраните овце и добитък, за да могат хората да принесат жертва на Бога.

Какво мислите, че казал Бог за този грях на непокорството? 1 Царе 15:22-23 гласи: „Ето, послушанието е по-приемливо от жертвата, и покорността - от тлъстината на овни. Защото непокорността е като греха на чародейството, и упорството като нечестието и идолопоклонството." Грехът на непокорството е като греховете на предсказания и идолопоклонство. Пророчеството е магьосничество, което е тежък грях, подлежащ на Божия съд, и идолопоклонството е грях, който Бог счита за отвратителен.

Накрая Самуил наказал Саул: „Понеже ти отхвърли словото на Господа, то и Той отхвърли тебе да не си цар." (1 Царе 15:23). Саул обаче не се покаял изцяло. Вместо това, за да запази добър имидж, той помолил Самуил да го почете пред неговия народ (1 Царе 15:30). Какво е по-страшно и тъжно от това да бъдеш отхвърлен от Бога? Но това не важи само за Саул. Това важи и за нас днес. Ако не се подчиняваме на Божието Слово, тогава не можем да избегнем последствията от този грях. Това се отнася също за нашите народи и за семействата ни.

Например, ако един слуга не се подчинява на царя и действа според собствените си прищевки, той трябва да плати за наказанието за своя грях. Колко тъжни биха били родителите, ако детето им не се подчинява и не им обръща внимание? Тъй като неподчинението причинява такова смущение на спокойствието, следват болката и страданието. В резултат на непокорството на Саул към Бога, той не само загубил честта и силата си; но бил измъчван от зли духове и накрая умрял злочесто на бойното поле.

Резултатът от греха на Каин да не се подчини на Бог

В Битие, глава 4 виждаме двамата синове на Адам - Каин и Авел. Каин бил земеделец, а Авел отглеждал овце. По-късно Каин направил жертвоприношение на Бог с реколтата от земята и Авел направил жертвоприношение на Бог с първородните на добитъка си и техните тлъсти части. Бог бил удовлетворен от Авел и неговото жертвоприношение, но не бил удовлетворен от жертвоприношението на Каин.

Когато Адам бил изгонен от Едемската градина, Бог му казал, че трябва да направи жертвоприношение, използвайки кръвта на животно, за да му бъде простено (Евреи 9:22). Адам учил синовете си специално как да принасят жертвоприношение чрез кръв и Каин и Авел знаели много добре какъв вид жертвоприношение искал Бог. Авел имал добро сърце, затова се подчинил, направил точно това, на което бил научен и направил жертвоприношение по начина, по който го искал Бог. Каин, от друга страна, направил жертвоприношение според собствените си мисли, както му било удобно. Ето защо Бог приел жертвоприношението на Авел, но не и жертвоприношението на Каин.

Същото се отнася и за нас днес. Бог е доволен от нашето поклонение, когато Го почитаме с цялото си сърце, ум и най-вече в дух и истина. Въпреки това, ако Го почитаме според собствените ни прищевки и ако ходим по християнския път само за собствената ни изгода, тогава нямаме нищо общо с Бога.

В Битие 4:7, Бог казал на Каин: „Ако правиш добро, не ще ли бъде прието? Но ако не правиш добро, грехът лежи на вратата и към тебе се стреми; но ти трябва да го владееш." Бог се опитвал да предупреди Каин, за да не извърши грях. Каин обаче не успял да отхвърли греха и накрая убил брат си.

Ако Каин имал добро сърце, той щял да се откаже от греха и заедно с брат си да направи жертвоприношение, което да е угодно на Бога, за да няма никакъв проблем. Въпреки това, той бил порочен и не изпълнил Божията воля.

Това довело до ревност и убийство, което е дело на плътта, и в резултат на осъждането го сполетяло проклятие. Накрая Бог казал на Каин: „И сега проклет си от земята, която отвори устата си да приеме кръвта на брата ти от твоята ръка. Когато работиш земята тя няма вече да ти дава силата си; бежанец и скитник ще бъдеш на земята" и от тогава Каин станал човек, който непрекъснато бягал (Битие 4:11-12).

Досега ние научихме от живота на първия човек Адам, цар Саул и Каин, колко тежък грях е да не се подчиняваме на Бога и какви големи изпитания и страдания ще изпитаме в резултат на това. Когато един вярващ, който познава Божието Слово, не се подчинява, това означава да не се подчиняваш на Бога. Ако един вярващ не получава благословията за благополучие във всички области на живота си, това означава, че по някакъв начин той извършва този грях срещу Бога.

Затова трябва да унищожим стената от грях, намираща се между Бога и нас. Бог изпратил Исус Христос и Словото на истината на този свят, за да даде истински живот на човечеството, което живее сред страдание поради греха. Ако не живеем според това слово на истината, резултатът е смърт.

Трябва да живеем в съответствие с ученията на Господ, които ни водят към спасение, вечен живот, изпълнение на молитвите ни и благословения. Не трябва да извършим греха на непокорството, като проверяваме постоянно дали не извършваме грехове, дали се разкайваме и спазваме Словото, за да получим пълно спасение.

Глава 12

„Ще изтребя от лицето на земята човека, когото създадох"

„И като видя Господ, че се умножава нечестието на човека по земята и, че всичко, което мислите на сърцето му въобразяваха, беше постоянно само зло, разкая се Господ, че беше направил човека на земята, и огорчи се в сърцето Си. И рече Господ: Ще изтребя от лицето на земята човека, когото създадох, - човеци, зверове, влечуги и въздушни птици, - понеже се разкаях, че ги създадох." Ной обаче придобил благоволението на ГОСПОД. Ето Ноевото потомство. Ной беше човек праведен, непорочен между съвременниците си; той ходеше по Бога."
(Битие 6:5-9)

В Библията можем да видим колко голям бил грехът на хората по времето на Ной. Бог бил много огорчен от създаването на човека и казал, че щял да го изтреби от лицето на земята чрез Осъждането с потопа. Бог създал човека, вървял с него и му дал цялата Си любов. Защо тогава трябвало да осъжда хората по такъв начин? Нека да разгледаме причините за Божието осъждане и как можем вместо това да получим Неговите благословии.

Разликата между порочния и добрия човек

Когато общуваме с хората, получаваме известно чувство за тях. Понякога можем да усетим дали са добри или лоши. В по-голямата си част хората, които са израснали в добра среда и са получили подходящо обучение, имат по-мек характер и добри сърца. От друга страна, хората, които са израснали в сурова среда, виждайки и преживявайки много зли неща, които се отклоняват от истината, са по-склонни да притежават личности, които стават порочни и за тях е по-вероятно да вършат зло. Разбира се, има и хора, които тръгват по грешния път, въпреки че са отгледани в добра среда, както и хора, които преодоляват своята неблагоприятна среда и в крайна сметка са преуспяващи и добросърдечни. Колко хора обаче биха могли да бъдат отгледани в добра среда, да получат добро образование и да положат усилия да водят добър живот?

Ако искаме да видим добри хора за примери, можем да вземем предвид Дева Мария, която е родила Исус, и нейния съпруг, Йосиф. Какво е направил Йосиф, когато открил, че Мария е забременяла, въпреки че не споделял леглото с нея? Според закона от онова време човек, който е извършил прелюбодейство, трябвало да бъде убит с камъни. Йосиф обаче не я разкрил публично. Той искал безшумно да прекрати връзката. Какво добро сърце имал!

От друга страна, пример за зъл човек може да бъде Авесалом. Когато неговият полубрат, Амнон, изнасилил сестра му, решил в сърцето си да отмъсти. Ето защо използвал подходящия момент и убил Амнон. Той дори се надигнал против неговия баща Давид по този въпрос. В крайна сметка оглавил бунта срещу баща си и цялото това зло довело до трагичен завършек на живота на Авесалом.

Ето защо Матей 12:35 гласи: „Добрият човек от доброто си съкровище изважда добри неща; а злият човек от злото си съкровище изважда зли неща." За много хора, докато растат, независимо от намеренията си, злото по естествен начин се засажда в тях. Преди много време, въпреки че не се случвало често, някои хора били готови да умрат за своята страна и за своя народ. Въпреки това, в днешно време е много трудно да се намерят такива хора. Въпреки, че те стават опетнени от злото, много хора дори не осъзнават какво е зло и живеят с мисълта, че са прави.

Защо идва Божието осъждане

Ако съдим по това, което е записано в Библията или разгледаме историята на човечеството, независимо за какъв период от време, всеки път когато греховете на човечеството са достигнали своя максимум и след това са превишили границите, идва сериозната присъда на Бог. Можем да категоризираме Божите преценки в три основни категории.

Когато Бог осъжда невярващите, осъждането може да се отнася за нацията като цяло или за един човек. В някои случаи присъдата Му може да се отнася за собствените Му хора. Когато нацията като цяло извърши грях, който надхвърля етичните норми на човечеството, голямо страдание сполетява цялата нация. Ако някой извърши грях, който заслужава съд, Бог ще го унищожи. Когато Божият народ извърши престъпление, хората са наказани. Бог обича

Своите хора и затова позволява да ги сполетят изпитания и нещастия, за да могат да се поучат от грешките си и да се откажат от греховете.

Като Създател, Бог не само управлява всички хора по света, но и като Съдия Той позволява на човека да „пожъне онова, което посял". В миналото, когато хората не познавали Бога, ако търсели Бога с добро сърце или се опитвали да живеят в праведност, Бог понякога им се явявал на сън и им казвал, че е жив.

Цар Навуходоносор от Вавилонската империя не вярвал в Бога, но Бог все още му разкривал на сън събитията, които щели да се случат в бъдеще. Той не познавал Бога, но бил достатъчно щедър, за да избере елита измежду пленниците. Той учил за вавилонската цивилизация и дори ги назначавал на важни длъжности в империята. Направил това, защото дълбоко в сърцето си вярвал във всемогъщ бог. Ето защо, дори и някой да не познава Бога, ако се опитва да има праведно сърце, Бог ще намери начин да му разкрие, че Той е живият Бог и възнаграждава този човек според делата му.

Като цяло, когато невярващите вършат зло, Бог няма да ги накаже, ако не е нещо много сериозно, защото те дори не знаят какво е грях и нямат нищо общо с Него. Те са като незаконни деца в духовен смисъл. В крайна сметка ще се окажат в ада и вече са осъдени. Разбира се, ако техният грях е достигнал границата, причиняват голяма вреда на другите и злото им е неконтролируемо за човечеството, Той няма да толерира това, дори и да нямат нищо общо с Него. Така е, защото Бог е съдията, който различава между доброто и злото за цялото човечество.

Деяния 12:23 гласи: „И понеже не въздаде слава на Бога,

начаса един ангел от Господа го порази, та биде изяден от черви и умря." Цар Ирод бил невярващ, който убил Яков, един от дванадесетте ученици на Исус. Също така хвърлил Петър в затвора. Но когато се възгордял, сякаш бил бог, Бог го поразил, червеите го изяли и той умрял. Дори и ако човек не познава Бога, ако грехът му надхвърли определена граница, той ще получи подобно осъждане.

Какъв е случаят с вярващите? Когато израилтяните идолопоклонствали, отклонявали се от Бога и извършвали всякакви злини, Бог не ги оставил просто така. Той ги смъмрял и поучавал чрез пророк, а ако все още не слушали, Той ги наказвал, за да вървят в правия път.

Както е записано в Евреи 12:5-6: „Сине мой, не презирай наказанието на Господа, нито да отслабваш, когато те изобличава Той; Защото Господ наказва този, когото люби, и бие всеки син, когото приема." Бог се намесва, когато Неговите любещи деца грешат в действията си. Той ги упреква и наказва, за да се покаят, да се откажат от греха и да се радват на благословен живот.

* Защото порочността на хората е голяма

Причината, поради която Божият съд дошъл на земята, била голямото зло на човечеството (Битие 6:5). Как изглежда светът, когато нечестието на човека е голямо?

В първия случай хората извършват злини заедно като цяла нация. Хората могат да станат едно с представителя на своя народ, като президента или министър-председателя, и да извършат грехове заедно. Ярък пример може да бъде скандалната нацистка Германия и Холокоста. Цялата Германия работи съвместно с Хитлер, за да унищожи евреите. Техният метод за извършване на това зло бил изключително жесток.

Според документираната история приблизително 6 милиона евреи, пребиваващи в Германия, Австрия, Полша, Унгария и Русия, били жестоко убити чрез тежък труд, мъчения, глад и убийства. Някои умирали голи в газови камери, някои били заравяни живи в дупки в земята, а някои умирали по ужасен начин в резултат на експерименти с хора. Каква била съдбата на Хитлер и Германия, които извършили тези зли дела? Хитлер се самоубил, Германия била разгромена напълно и името й било опетнено завинаги. Държавата накрая била разделена на две страни - Източна и Западна Германия. Виновните в извършването на отвратителните военни престъпления трябвало да променят имената си и да бягат от място на място. Когато ги залавяли, обикновено получавали смъртна присъда.

Хората от времето на Ной също получили присъда. Тъй като хората по онова време били изпълнени с грях, Бог взел решение да ги унищожи (Битие 6:11-17). До деня на потопа Ной предупреждавал за идващия съд, но те не слушали до самия край. В действителност, до момента, в който Ной и семейството му влезли в ковчега, хората все още яли и пиели, женили се и се забавлявали. Според Ной, дори когато наблюдавали как вали дъждът, те не осъзнали какво ставало (Матей 24:38-39). В резултат на това всички хора загинали при наводнението, с изключение на Ной и семейството му (Битие, глава 7).

В Библията е записано също как по времето на Авраам Бог изпратил наказание с огън и сяра на Содом и Гомор, защото били изпълнени с грях (Битие, глава 19). В допълнение към тези примери, виждаме случаи в историята, когато Бог наказвал с глад, земетресения, чуми и т.н. цяла нация, когато тя била пълна с грях.

Следващият случай е на отделния човек, който получава присъда, ако е натрупал зло и е съден според делата си, независимо дали вярва в Бога или не. Човек може да живее по-малко в резултат на собственото му зло или да умре трагично, в зависимост от степента на неговия грях. Въпреки това, само защото някой умре рано, не означава, че той или тя е получил осъждане; има случаи като Павел и Петър, които били убити, въпреки че водили праведен живот. Тяхната смърт е и праведна смърт, така че те блестят като слънцето на Небето. Има някои праведни хора от миналото, които, след като посочили истината на царя, били принудени да пият смъртоносна отвара, която отнела живота им. В тези случаи смъртта им не била в резултат от осъждане, дължащо се на грях, а праведна смърт.

Дори в днешния свят, независимо дали за нацията като цяло или за отделния човек, грехът на хората е голям. В по-голямата си част хората не вярват в Бога като единствения истински Бог и имат собствени мнения. Те или преследват лъжливи богове, идоли, или обичат други неща повече от Бога. Сексът преди брака е станал общоприет и движението на бисексуалните за легализация на техните бракове продължава да напредва. Не само, че наркотиците са широко разпространени, но конфликтите, враждебностите, омразата и корупцията са навсякъде.

В Матей 24:12-14 има описание на края на света: „Но понеже ще се умножи беззаконието, любовта на мнозинството ще охладнее. Но който устои до край, той ще бъде спасен. И това благовестие на царството ще бъде проповядвано по цялата вселена за свидетелство на всичките народи; и тогава ще дойде свършекът." Това е нашият свят днес.

Така както не можете да разберете дали тялото Ви е мръсно, когато сте на тъмно, има толкова злини на света, че хората живеят в беззаконие и въпреки това не знаят, че действията им са порочни. Тъй като сърцата им са пълни с беззаконие, истинската любов не може да проникне в тях. Недоверие, невярност и всякакви душевни болки са широко разпространени, защото любовта на хората е студена. Как може Бог, който е безупречен и без недостатък, да продължава да бъде свидетел на всичко това?

Ако един родител обича детето си и детето се отклонява от правия път, какво трябва да направи родителят? Родителят ще се опита да убеди детето да се промени и ще го порицае. Въпреки това, ако детето все още не слуша, родителят ще се опита да го накаже, за да го вкара в правия път. Ако детето прави неща, които са неприемливи за хората, родителят може да се отрече от детето. Също е и със Създателя Бог. Ако грехът на човека е толкова голям, че той не се различава от животните, Бог не може да му помогне, а трябва да го накаже.

* Защото мисълта на сърцето е порочна

Когато Бог осъжда някого, Той скърби не само защото има много грехове на света, а защото мислите на хората са порочни. Един човек със закоравяло сърце е изпълнен също с порочни мисли. Той е алчен и винаги търси ползата за себе си, не се спира пред нищо, за да постигне богатства и непрекъснато има порочни мисли. Това може да се отнася за цяла нация или за отделен човек. Това може да се отнася дори и за вярващите. Макар и човек да признава, че вярва в Бога, ако запазва Божието Слово само като познание, но не го прилага на практика, той ще продължи да търси ползата за себе си и да има порочни мисли.

Защо почитаме Бог и слушаме Словото Му? Това е за да действаме според волята Му и да станем праведни хора, каквито Бог иска да бъдем. Има много хора обаче, които казват „Господи, Господи" и въпреки това не спазват волята Му. Независимо колко неща претендират, че са направили за Бога, сърцата им са порочни, затова ще бъдат осъдени и няма да отидат на Небето (Матей 7:21). Неспазването на Божите заповеди и постановления се счита за грях и вярата без действия е мъртва вяра, затова такива хора няма да получат спасение.

Ако слушаме Божието слово, трябва до отхвърлим злото и да действаме според него. Тогава, когато душата ни преуспява, ще успяваме във всички отношения и ще получим също благословията за здраве. Така няма да ни сполетят болести, изпитания и страдания. Дори и да се случат, всички неща ще се случват за добро и ще се превърнат във възможности за благополучие.

Когато Исус дошъл на този свят, хората като добросърдечните пастори, пророците Ана, Симеон и други разпознали бебето Исус. Въпреки това, фарисеите и садукеите, които проповядвали, че изпълняват и обучавали другите за Закона, не разпознали Исус. Ако те слушали Божието слово, сърцата им щели да бъдат изпълнени с добрина и те щели да бъдат способни да разпознаят Исус и да Го приемат. Те обаче не били променени в сърцето си, а само привидно и се стремели да изглеждат святи за другите.

Ето защо сърцата им били загрубяли, не разбирали Божията воля и не били способни да разпознаят Исус. Резултатите са много различни, в зависимост от това с колко добрина и злина е изпълнено сърцето Ви.

Божието Слово не може да бъде обяснено на прост и ясен език единствено чрез човешкото познание. Някои хора казват, че за да разберем точното значение на Библията, трябва да учим еврейски и гръцки език, и да правим тълкувания въз основа на оригиналния текст. Защо тогава фарисеите, садукеите и първосвещениците не разбирали ясно Библията - която е записана на собствения им еврейски език - и защо не разпознали Исус? Това е защото Божието Слово е записано с вдъхновението на Светия Дух и може да бъде разбрано ясно само когато човек е вдъхновен от Светия Дух чрез молитва. Библията не може да се тълкува само с литературни средства.

Ето защо, не можем да открием Божията воля и да действаме според нея, ако имаме неистина в сърцата си, похотта на плътта, похотта на очите или тщеславие. Хората в днешно време са толкова зли, че отказват да вярват в Бога; дори и да твърдят, че вярват в Бога, те все още действат в беззаконие и неправедност. С една дума, те не действат според Божията воля. По този начин разбираме, че наближава Божият съд.

* Защото всяко желание на сърцето винаги е порочно

Причината, заради която Бог осъжда е, че всяко намерение на сърцето винаги е порочно. Когато имаме лоши мисли, плановете, които идват от тези мисли, са зли и тези мисли в крайна сметка провокират лоши действия. Просто помислете колко порочно мислене продължава да има в днешното общество.

Виждаме хората на ключови ръководни постове на една нация да изискват подкупи с големи суми, да създават незаконни фондове и да участват в разгорещени спорове и конфликти. Преобладават безскрупулни методи за получаване на публични постове, военни скандали и всякакви видове скандали. Има деца, които планират убийството на родителите си, за да се сдобият със семейното богатство, както и млади хора, които планират всякакви злонамерени схеми, за да спечелят пари за разврат.

Дори малките деца днес правят порочни планове. Само и само да се сдобият с пари, за да отидат в магазина или да си купят нещо, което наистина искат, те лъжат родителите си или дори крадат. Всеки е толкова зает да угажда на себе си, че всички мисли и действия са порочни. Когато една цивилизация прогресира бързо в материално отношение, обществото бързо е обхванато от декадентство и култура на търсене на удоволствия. Днес се случва точно това, както по времето на Ной, когато светът бил обхванат от грехове.

Избягване на Божието правосъдие

Хората, които обичат Бога и тези, които са духовно будни, казват, че завръщането на Господ е много близо. И както е записано в Библията, признаците за края на света, за които говори Господ, започват да се разкриват много ясно. Дори невярващите често казват, че наближава края на света. Еклесиаст гласи 12:14: „Защото, относно всяко скрито нещо,

Бог ще докара на съд всяко дело, Било то добро или зло." Затова трябва да знаем, че краят наближава и ние трябва да се борим срещу греха, дори с цената на нашата кръв, да прогоним всички форми на злото и да станем праведни.

Хората, които приемат Исус Христос и чиито имена са записани в Книгата на Живота на Небето, ще получат вечен живот и ще се радват на вечни благословения. Те ще бъдат възнаградени според делата си. Някои от тях ще бъдат поставени на места, ярки като слънцето, а други - на места, светли като луната или звездите. От друга страна, след Съда на Великия Бял Трон, хората с порочни мисли и действия, които отказват да приемат Исус Христос и не вярват в Бога, ще страдат вечно в Ада.

Ето защо, ако искаме да избегнем Божия съд, както е записано в Римляни 12:2, ние не трябва да се съобразяваме със света, който е пълен с всякакъв вид корупция и грехове. Трябва да обновим сърцата си и да бъдем трансформирани, за да можем да разберем добрата, удовлетворителна и съвършена Божия воля, и да действаме според нея. Както изповядал Павел: „Умирам всеки ден", трябва да вярваме в Христос и да живеем според Божието слово. По този начин душата ни ще просперира, за да имаме винаги добри мисли и да действаме с добрина. Тогава ще преуспяваме във всички отношения в живота ни и ще имаме добро здраве, за да се радваме накрая на вечни благословии на Небето.

Глава 13

Не вървете против волята Му

"А Корей син на Исаара, син на Каата Левиевият син, и Датан и Авирон синове на Елиава, и Он син на Фалета, Рувимуви потомци, като си взеха човеци, дигнаха се против Моисея, с двеста и петдесет човеци от израилтяните, първенци на обществото, избрани за съветници, именити мъже. Събраха се, прочее, против Моисея и против Аарона и рекоха им: Стига ви толкоз! Цялото общество е свето, всеки един от тях, и Господ е всред тях. А защо възвишавате себе си над Господното общество?"

(Числа 16:1-3)

"Като изговори той всички тия думи, земята се разпукна под тях. Земята отвори устата си и погълна тях, домочадията им, всичките Корееви човеци и всичкия им имот. Те и всичко тяхно слязоха живи в ада, земята ги покри, и те погинаха отсред обществото. А целият Израил, които бяха около тях, побягнаха, като извикаха, думайки: Да не погълне земята и нас. И огън излезе от Господа и пояде ония двеста и петдесет мъже, които принесоха темяна."

(Числа 16:31-35)

Ако се подчиняваме на Словото, спазваме Неговите постановления и вървим по правилния път, получаваме благословии, когато влизаме и когато излизаме. Получаваме благословии във всички области на нашия живот. От друга страна, ако не се подчиняваме, а се противопоставяме на Божията воля, тогава Бог ни осъжда. Затова трябва да станем истинско Божие дете, което Го обича, изпълнява волята Му с цялото си сърце и действа според Неговите закони.

Правосъдието идва, когато се противопоставяме на Божията воля

Някога имало човек с основателно негодувание. Той и някои от неговите другари имали еднакви убеждения и планирали голяма революция, за да помогнат на страната си. С приближаването на деня на революцията, волята на другарите станала по-силна. Предателството обаче на един от другарите му провалило целия план за спасение на страната им. Колко тъжно и трагично е, когато грешката на един човек не позволява да бъдат постигнати добрите намерения на много хора?

Един беден мъж и една бедна жена се оженили. В продължение на много години двамата затягали колана, за да спестяват. Накрая купили малко земя и започнали да водят удобен живот. Тогава изведнъж съпругът станал пристрастен към хазарта и пиенето, и впоследствие заложил всичките им трудно спечелени притежания. Можете ли да си представите колко голямо било страданието на жената?

Дори в отношенията между хората можем да видим какви трагедии се случват, когато хората не се съобразяват с волята на другите. Какво би се случило, ако човек реши да действа против волята на Бог, Създателя на Вселената? В книгата

Числа 16:1-3 е описан инцидент, при който Корей, Датан и Оно, заедно с 250 известни лидери на паството, се изправили срещу Божията воля. Моисей бил техният водач, когото Бог избрал за тях. Заедно с Моисей, синовете на Израил трябвало да мислят еднакво, за да преодолеят трудния живот в пустинята и да влязат в Ханаанската земя. Случило се обаче това мъчително събитие.

В резултат на това Корей, Датан и Он заедно със семействата им били погребани живи, когато земята под тях се отворила и ги погълнала. 250-те лидери на паството били унищожени от ГОСПОДНИЯ огън. Защо се случило това? Да се противопоставиш на лидер, избран от Бога, е същото като да се противопоставиш на Бога.

Дори и в нашето ежедневие, случаите на противопоставяне на Бога се случват често. Въпреки че Светият Дух подтиква сърцата ни, ние Му се противопоставяме само ако Неговата воля не отговаря на нашите собствени мисли и желания. Колкото повече действаме според собствените си мисли, а не според волята Му, толкова повече се противопоставяме на Божията воля. С времето няма да можем да чуваме гласа на Светия Дух. Тъй като действаме според собствената ни воля, срещаме трудности и неволи.

Хора, които се противопоставиха на Бога

В Числа глава 12 има сцена, в която братът на Моисей, Аарон и неговата сестра Мириам, говорили срещу Моисей, защото се оженил за жена етиопянка. Те го обвинили с думите: „Само чрез Моисея ли говори Господ? Не говори ли и чрез нас?" (стих 2) Божият гняв сполетял веднага Аарон и Мириам, и Мириам станала прокажена.

Бог тогава порицал и двамата, казвайки: „Слушайте сега думите Ми. Ако има пророк между вас, Аз Господ ще му стана познат чрез видение. На сън ще му говоря. Но слугата Ми Моисей не е така поставен, той, който е верен в целия Ми дом; с него Аз ще говоря уста с уста, ясно, а не загадъчно; и той ще гледа ГОСПОДНИЯ Образ. Как, прочее, не се убояхте вие да говорите против слугата Ми Моисея?" (стихове 6-8).

Нека да разгледаме какво означава да вървим срещу Божията воля, като видим някои примери от Библията.

1) Израилтяните идолопоклонствали

По време на Изхода синовете на Израел видели със собствените си очи десетте чуми, които сполетели Египет и разделянето на Червено море пред тях. Те преживели толкова много различни знамения и чудеса, че трябвало да знаят, че Бог е жив. Какво направили обаче, докато Моисей стоял на планината 40 дни, за да получи десетте Божи заповеди? Те построили златно теле и го почитали. Бог определил Израел за избрания народ и заповядал на хората да не се покланят на идоли. Те обаче се противопоставили на Божията воля и около три хиляди от тях загинали в резултат на това (Изход, глава 32).

В 1 Летописи 5:25-26 е записано: „Но понеже те престъпваха против Бога на бащите си, като блудствуваха след боговете на народите на оная земя, които Бог беше погубил пред тях, затова, Израилтянският Бог подбуди духа на асирийския цар Фул, и духа на асирийския цар Теглат-Фелнасар, та плени рувимците и гадците и половината от Манасиевото племе, и заведе ги в Ала, в Авор, в Ара и до реката Гозан, гдето са и до днес." Тъй като израилтяните блудствали, като починали боговете на Ханаанската земя, Бог развълнувал сърцето на асирийския цар, за да нахлуе в Израел и да отведе много от тях в плен. Противопоставянето на израилтяните срещу Бога причинило това бедствие.

Причината, поради която северното царство на Израел било унищожено от Асирия и южното царство Юда било унищожено от Вавилон, също се дължала на идолопоклонството.

В днешно време това е като да почиташ идол, направен от злато, сребро, бронз и др. Същият е случаят, когато хората поставят сварената глава на едно прасе върху маса и се покланят на духовете на своите починали предци. Каква срамна сцена е, когато хората, които превъзхождат всички създания, се покланят на едно мъртво прасе и го молят за благословения!

В Изход 20:4-5 Бог дава следната заповед: „Не си прави кумир, или какво да било подобие на нещо, което е на небето горе, или което е на земята долу, или което е във водата под земята; да не им се кланяш нито да им служиш, защото Аз Господ, твоят Бог, съм Бог ревнив, който въздавам беззаконието на бащите върху чадата до третото и четвъртото поколение на ония, които Ме мразят."

Той споменал ясно проклятията, които щели да ги сполетят, ако не гледали сериозно на заповедите и не ги спазвали, и описал също благословиите, които щели да получат, ако запазели заповедите в сърцата си и ги спазвали. Той казал: „Защото Аз ГОСПОД, твоят Бог, съм Бог ревнив, Който въздавам беззаконието на бащите върху чадата до третото и четвъртото поколение на ония, които Ме мразят, а показвам милости към хиляда поколения на ония, които Ме любят и пазят Моите заповеди."

Ето защо, когато се огледаме около нас, ще видим, че семействата, които имат история на идолопоклонство, изпитват много различни видове страдания. Един член на църквата, който се прекланял пред идол, изпита трудности. Устата й която преди това беше съвсем нормална, се изкриви толкова лошо, че не можеше да говори добре. Когато я попитах какво се е случило, тя ми каза, че отишла да посети семейството си по време на празниците и тъй като не могла да преодолее натиска им да се поклони пред традиционното жертвоприношение на предците, тя отстъпила и се поклонила. На следващия ден устата й се изкривила. За щастие, тя се разкая изцяло пред Бог и получи молитвата. Устата й се излекува и се нормализира. Бог я поведе по пътя на спасението, като й даде урок, за да осъзнае, че идолопоклонството води до унищожение.

2) Фараонът отказал да остави израилтяните да си тръгнат

В Изход, глави 7-12, синовете на Израел, които били роби в Египет, се опитали да напуснат Египет под ръководството на Моисей. Фараонът обаче не ги оставил да си отидат и поради това настъпило голямо бедствие за Фараона и за Египет. Създателят Бог е авторът на живота и смъртта на човечеството и затова никой не може да се противопостави на волята Му. Божията воля била за Изхода на хората на Израел. Фараонът обаче имал закоравяло сърце и се противопоставил на Божията воля.

Ето защо, Бог причинил десет чуми върху Египет. По онова време цялата нация започнала да се разпада. Най-накрая Фараонът неохотно оставил синовете на Израел да си тръгнат, но изпитвал негодувание в сърцето си. Затова размислил и изпратил армията си след тях, дори в Червеното море, което било разделено. Цялата армия на Египет накрая се удавила в Червено море. Фараонът се противопоставил на Божията воля и бил осъден. Бог му показал много пъти, че Той бил живият Бог и Фараонът трябвало да осъзнае, че Бог е единственият истински Бог. Той трябвало да спази волята Му и дори по човешките стандарти, да остави израилтяните да си тръгнат било правилното решение.

Не е правилно една нация да превърне в роби хората на цяла една друга нация. Освен това, Египет можел да избегне голям глад, благодарение на Йосиф, сина на Яков. Въпреки факта, че изминали 400 години, историческа истина е, че Египет е задължен на Израел за спасяването му като нация. Вместо обаче да се отплати на хората на Израел за получената услуга, Египет ги превърнал в роби. Колко лошо било това? Фараонът, който имал пълна власт, бил горд човек, изпълнен с алчност. Затова се противопоставил на Бог до самия край и бил осъден.

В днешното общество има такива хора и Библията предупреждава, че ги очаква съд. Унищожение очаква хората, които отказват да вярват в Бога поради собственото си познание и гордост, както и хората, които глупаво питат: „Къде е Бог?"

Дори и да потвърдят, че вярват в Бога, те не се различават от Фараона, ако пренебрегват Божиите заповеди със собствените си прищевки и упоритост, ако изпитват неприязън или огорчение към другите, или ако са лидери в църквата и твърдят, че работят усилено за Божието царство, и въпреки това разстройват хората около тях заради тяхната ревност или алчност.

Знаейки, че Божията воля за нас е да живеем в Светлината, ако продължаваме да живеем в тъмнината, тогава ще изпитаме същите видове страдания, които изпитват невярващите. Това е така, защото Бог непрекъснато предупреждава хората, но те не слушат, докато вървят срещу Божията воля, насочена към света.

От друга страна, врагът дявол си тръгва, когато човек живее праведно, сърцето му става чисто и започва да подражава на Божието сърце. Независимо каква сериозна болест би могъл да има, независимо от вида на изпитанията и трудностите, които може да срещне, ако продължава да бъде праведен пред Бога, той ще стане силен и здрав, и всички изпитания и скърби ще изчезнат. Ако една къща е мръсна, появяват се хлебарки, мишки и всякакви видове мръсни вредители. Ако къщата обаче се почисти и дезинфекцира, вредителите вече не могат да живеят в нея и естествено изчезват. Същото се отнася и в този случай.

Когато Бог проклел змията, която изкушавала човека, Той казал, че „ще пълзи по корема си, ще яде прах през всичките дни на живота си". (Битие 3:14). Това не означава, че змията ще изяде мръсотията по земята. Духовният смисъл тук е, че Бог казал на врага дявол, който подбуждал змията - да яде от плътта на човека, който бил създаден от праха. В духовен смисъл „плътта" е нещо, което се променя и умира. Тя символизира неистината, която е пътят към смъртта.

Ето защо, врагът дявол предизвиква изкушения, скърби и страдания за хората от плът, които съгрешат в неистината и в крайна сметка ги води по пътя към смъртта. Въпреки това, врагът не може да се доближи до святи хора, които нямат грехове и живеят според Божието слово. Ето защо, ако живеем в праведност, тогава болестите, изпитанията и страданията естествено ще избягат от нас.

В глава 2 на Исус Навиев има човек, който, за разлика от Фараона, бил езичник, но помогнал да се изпълни Божията воля и впоследствие получил благословии. Този човек била жена на име Раав, която живяла в Ерихон по времето на Изхода. След като напуснали Египет и скитали в пустинята в продължение на 40 години, израилтяните тъкмо били прекосили реката Йордан. Намирали се в лагер и били готови да атакуват Ерихон във всеки момент.

Раав не била израилтянка, но знаела за тях. Тя помислила, че ГОСПОД Бог, който контролирал цялата вселена, придружавал хората на Израел. Знаела също, че този Бог не бил от тези богове, които биха убили безразсъдно или безмилостно без причина. Раав знаела, че ГОСПОД Бог бил Бог на правосъдието, затова защитила шпионите на Израел, като ги укрила. Тъй като Раав познавала и помогнала да се изпълни Божията воля, тя и семейството й били спасени при унищожаването на Ерихон. Ние също трябва да изпълним Божията воля, за да водим духовен живот, в който получаваме разрешение на различни проблеми, както и отговори на нашите молитви.

3) Свещеникът Ели и синовете му нарушили заповедта на Бог

В 1 Царе глава 2 виждаме, че синовете на свещеника Илий били беззаконни мъже, които изяли храната, предназначена за жертвоприношение на Бог и спели с жените, които работели при входа на шатъра за срещане. Въпреки това, баща им, свещеник Илий, просто ги смъмрил с думи и не предприел никакви действия, за да сложи край на неправомерните им действия. В крайна сметка синовете му били убити във войната срещу филистимците, а свещеникът Илий счупил врата си и умрял, падайки от стола, когато чул това. Илий загинал по този начин заради греха си, че не възпитавал правилно синовете си.

Същото се отнася за нас днес. Ако виждаме хора около нас, които прелюбодействат в плътта, или които се отклоняват от Божия ред, и ние просто ги приемаме, без да ги учим правилно на това, кое е правилно и кое погрешно, тогава ние не се различаваме от свещеника Илий. В този случай трябва да се вгледаме в себе си и да видим дали сме като Илий и синовете му в определено отношение.

Същото се отнася и за изразходването за лична употреба на десятъците и жертвоприношенията за благодарност, които са отделени за Бога. Когато не даваме цели десятъци и приноси, това е като кражба от Бога, затова ще има проклятие върху нашето семейство или нация (Малахия 3:8-9). Също така, това, което е предназначено да бъде отдадено на Бога, не трябва да се обменя за нищо друго. Ако вече сте решили в сърцето си да направите принос към Бога, трябва да го извършите. И ако искате да го замените с нещо по-добро, трябва да предложите и първия, и втория.

Също така, не е правилно за един ръководител или касиер на група в църквата да използва събраните такси за членство по свое усмотрение. Използването на църковни фондове за цел, различна от предназначената, или използването на пари, отделени за конкретно събитие с различна цел, също попада в категорията „кражба от Бога". Освен това, посягането на Божието съкровище означава кражба точно като Юда Искариотски. Ако някой открадне Божите пари, той извършва по-голям грях от греховете на синовете на Илий и няма да му бъде простено. Ако някой е извършил този грях, защото не е могъл да постъпи по-добре, той трябва да се изповяда и да се покае напълно, и никога повече да не извършва този грях. Хората стават прокълнати поради тези видове грехове. В живота им се появяват трагични инциденти, злополуки и болести, и вярата също не може да им се даде.

4) Малките момчета, които се подигравали на Елисей и други подобни случаи

Елисей бил могъщ слуга на Бога, който общувал с Него и бил гарантиран от Него. Въпреки това, в 2 Царе глава 2 има сцена, в която голям брой младежи излизат като група, като следват и се подиграват на Елисей. Те били толкова лоши, че го следвали по целия път на излизане от града, крещейки: „Качи се, плешиве! Качи се, плешиве!" Елисей накрая не издържал повече, проклел ги в името на ГОСПОД и две женски мечки излезли от гората и разкъсали 42 от тях. Тъй като в Библията е записано, че 42 от тях загинали, можем да заключим, че общият брой на децата, притесняващи Елисей, всъщност е много по-голям.

Проклятията и благословиите, които идват от устата на един Божи служител, ще се сбъднат точно както са произнесени. Особено ако се подигравате, клеветите или клюкарствате за един Божия човек, това е като клевета и подигравка с Бога. Това е също като да се противопоставяте на Божията воля.

Какво се случило с юдеите, които приковали Исус на кръста и викали за кръвта Му - да бъде върху тях и техните потомци и на техните потомци? През 70 г. A.D. Йерусалим бил напълно унищожен от римския генерал Тит и неговата армия. Броят на убитите по онова време евреи бил 1,1 милиона. След това евреите били разпръснати по целия свят и станали обект на всякакви унижения и преследвания. Шест милиона души били убити от ръцете на нацистите. Както виждате, резултатът от бунта и противопоставянето на

Божията воля води до огромни последици.

Служителят на Елисей, Гиезий, се намирал в подобна ситуация. Като ученик на Илия, който получил отговора с огън, Елисей получил два пъти по-голямо вдъхновение от неговия учител. Ето защо, да можеш да служиш на майстор като Елисей било голяма благословия. Гиезий видял лично много знамения, изпълнени от Елисей. Ако се беше подчинил на думите на Елисей и беше получил добре ученията си, той вероятно щеше да получи също голяма сила и благословии. За съжаление, Гиезий не бил способен да направи това.

Имало време, когато чрез Божията сила Елисей изцелил арамейския генерал Нееман, който страдал от проказа. Нееман бил толкова развълнуван, че искал да даде голям подарък на Елисей. Въпреки това, Елисей ясно го отхвърлил, защото отхвърлянето на подаръка означавало по-голяма почит към Бога.

Не разбирайки обаче волята на господаря си и заслепен от материализма, Гиезий преследвал генерал Нееман, лъжел го и получавал неговите подаръци. Той върнал подаръците и ги скрил. Елисей вече знаел какво се случило, затова дал възможност на Гиезий да се покае, но той опровергал обвинението и не се покаял. В резултат на това проказата на Нееман покосила Гиезий. Това не означавало само да действа срещу волята на Елисей, но и да действа срещу Божията воля.

5) Излъгване на Светия дух

В Деяния глава 5 има инцидент, в който една двойка - Анания и Сапфира - лъжат Петър. Като членове на ранната църква, те решили да продадат имота си и да предложат парите на Бог. Когато обаче усетили парите в ръцете си, били обхванати от алчност, дали само част от парите и излъгали, казвайки, че това са всичките пари. Двама от тях загинали в резултат на това действие, защото лъжели не само хората, но и Бог и Светия дух. Затова изпитали Господния Дух.

Споделихме само няколко примера, но в допълнение към тях има много случаи, в които хората се противопоставят на Божията воля. Божият Закон не съществува, за да ни накаже, а за да ни помогне да осъзнаем какви са греховете, да ни накара да зависим от силата на Исус Христос, за да ги преодолеем и в крайна сметка, за да получим Божиите изобилни благословения. Нека да разгледаме всички наши действия, за да видим дали някое от тях е било в противоречие с Божията воля, и ако има такова, трябва да се променим изцяло и да действаме само според Божията воля.

Речник

Пещ и слама

Една „пещ" е затворена камера, в която се произвежда топлина за отопление на сгради, унищожаване на отпадъци, миризма или пречистване на руди и др. В Библията думата „пещ" се използва за означаване на Божите страдания, осъждания, Ада и др. Тримата приятели на Данаил, Шадрах, Мешах и Абед-него отказали да се поклонят на златното изображение на Навуходоносор и били хвърлени в огнената пещ. Въпреки това, с помощта на Бог те излезли живи и невредими (Даниил, глава 3).

„Сламата" са стъбла от овършани семена, използвани като постеля и храна за животни, за слама за покрив, както и за тъкане или сплитане, и за изработване на кошници. В Библията „сламата" символично се отнася до нещо много незначително и безполезно.

Какво е арогантност?

Арогантността означава да не считаме другите хора за по-добри от нас. Това означава да гледаме пренебрежително на други хора и да мислим, че ние сме по-добри от тях. Една от най-типичните ситуации, в които този вид гордост се проявява, е когато човек счита, че е обичан и признат от ръководителя на организация или група, към която принадлежи. Понякога Бог използва метода на извършване на комплименти, за да може човек да открие дали има горда природа.

Една от най-често срещаните форми на гордост е съденето и осъждането на другите. Ние трябва да внимаваме конкретно да не изпитваме духовна гордост, която ни кара да съдим другите с Божието Слово, което строго трябва да се използва като основа за размисъл върху нас самите. Духовната гордост е много опасна форма на злото, защото не е лесно да се открие; затова трябва да внимаваме да не бъдем арогантни в духовно отношение.

Глава 14

„Казва Господ на Силите..."

„Защото, ето, иде денят, който ще гори като пещ; И всичките горделиви, и всички, които вършат нечестие, ще бъдат плява. И тоя ден, който иде, ще ги изгори, казва Господ на Силите, та няма да им остави ни корен ни клонче. А на вас, които се боите от името Ми, ще изгрее Слънцето на правдата С изцеление в крилата си; И ще излезете и се разиграете като телци из обора. Ще стъпчете нечестивите; Защото те ще бъдат пепел под стъпалата на нозете ви в деня, който определям, казва Господ на Силите."
(Малахия 4:1-3)

Бог ще докара на съд всяко дело, било то добро или зло. (Еклесиаст 12:14). Можем да видим, че това е сигурно, ако разгледаме историята на човечеството. Гордият човек търси собствената си печалба. Той гледа пренебрежително на другите и натрупва зло, за да притежава голямо богатство, но накрая го очаква унищожение. От друга страна, един скромен човек, който почита Бога, може да изглежда глупав или в началото да е изправен пред трудности, но накрая получава големи благословии и уважението на всички хора.

Бог отхвърля гордостта

Сравнете двете жени в Библията, Астин и Естир. Царица Астин била царица на цар Асуир, царят на Персийската империя.

Един ден цар Асуир организирал банкет и помолил царица Астин да отиде преди него на банкета. Въпреки това, Астин, като се гордяла със своята позиция и забележителна красота, отказала искането на краля. Царят, който бил много ядосан, отстранил царицата от престола й. Какво е различно от ситуацията на Естир, която се издигнала до позицията на царица след Астин?

Естир, която се издигнала до позицията на царица, първоначално била еврейска пленничка, докарана във Вавилон по време на царуването на цар Навуходоносор. Естир била не само красива, но и мъдра и смирена. По едно време нейните хора изпитвали големи трудности заради един от амаличаните на име Аман. Тогава Естир прекарала три дни в пост и молитва, а след това с решителност и готова да умре, ако се наложи, тя се приготвила чиста, облякла царските си дрехи и застанала смирено пред царя. Тъй като действала с такова смирение пред царя и всички други хора, тя не само получила любовта и доверието на краля, но и успявала да изпълни голямата задача да спаси собствените си хора.

Както е написано в Яков 4:6: „Бог на горделивите се противи, а на смирените дава благодат", никога не трябва да ставаме горделиви хора, отхвърлени от Бога. И както е написано в Малахия 4:1: „И всичките горделиви, и всички, които вършат нечестие, ще бъдат плява", резултатът ще бъде коренно различен, в зависимост от това дали човек използва своята мъдрост, знания и способност да прави добро или лошо. Добър пример за това би бил Давид и Саул.

Когато Давид станал цар, първите му мисли били за Бога и той спазвал Неговата воля. Давид бил благословен от Бога, защото се молил смирено на Него, търсейки мъдрост, за да узнае как да укрепи нацията и да осигури мир на народа.

Саул обаче бил изпълнен с алчност и се притеснявал да не загуби царския престол, затова пропилял голяма част от времето си, опитвайки се да убие Давид, който получавал Божията любов и любовта на своя народ. Тъй като изпитвал гордост, той не обърнал внимание на укорите на пророка. В крайна сметка се отрекъл от Бога и загинал трагично по време на битка.

Ето защо като разберем ясно по какъв начин ГОСПОД Бог съди горделивите, ние трябва да отхвърлим изцяло гордостта. Ако се отървем от гордостта и се смирим, Бог е доволен от нас и ни придружава чрез отговорите на нашите молитви. Притчи 16:5 гласи: „Мерзост е ГОСПОДУ всеки, който е с горделиво сърце, даже ръка с ръка да се съедини, пак той няма да остане ненаказан." Бог мрази толкова много гордото сърце, че всеки, който се присъедини към горд човек, ще бъде наказан заедно с него. Злите хора са склонни да се събират заедно със зли хора и добрите хора са склонни да се събират заедно с добри хора. Това присъединяване също става от гордост.

Гордостта на цар Езекия

Нека погледнем отблизо колко много Бог мрази гордостта. Сред царете на Израел имало много хора, които за пръв път започнали да царуват, да обичат и да се подчиняват на Бога и след това с течение на времето станали горди, противопоставили се на Божията воля и не Му се подчинявали. Един от тези царе е цар Езекия, 13тият цар на южното царство на Юда.

Цар Езекия, който станал цар след баща си Ахаз, бил обичан от Бога, защото бил честен, както и Давид. Той премахнал чуждите олтари и високите места и съборил свещените стълбове в страната. Изчистил напълно народа от всички идоли, които били омразни на Бога, като ашерните стълбове, които насякъл с брадва (2 Летописи 29:3-30:27).

Когато народът започнал да изпитва политически трудности поради грешките на предишния цар, който бил безреден и неправеден, вместо да се уповава на и да се довери на Бога, цар Езекия се съюзил с близките страни като Египет, Филистимците, Сидон, Моав и Амон. Исая порицал неколкократно цар Езекия, че извършил безразсъдно действие, което било в противоречие с волята на ГОСПОДА.

Бидейки изпълнен с гордост, цар Езекия не слушал предупрежденията на Исая. В крайна сметка Бог оставил Юда сам, а Сенахирим, асирийският цар, нападнал Юда и го победил. Така цар Сенахирим завладял Юда и взел 200 000 души като пленници. Когато цар Сенахирип поискал от цар Езекия да плати огромни обезщетения, Езекия отговорил на тези изисквания, като свалил ценните украшения на Храма и на двореца, и като изпразнил националната хазна.

Предметите на Храма не трябвало да се докосват от никого. Тъй като Езекия раздал тези свещени предмети по собствена преценка и за собственото си оцеляване, Бог не можел да не отвърне лицето Си от него.

Когато Сенахериб продължил да заплашва Езекия дори след като получил огромните обезщетения, Езекия накрая разбрал, че не можел да направи нищо със собствената си сила, затова отишъл пред Бога и се молил, разкайвайки се и плачейки пред Него. В резултат на това Бог се смилил над него и победил Асирия. Можем да получим същия урок в нашите семейства, на работното място, в работата и в нашите взаимоотношения със съседите и нашите братя и сестри. Гордият човек не може да получи любов; да не говорим за получаване на помощ в трудни времена.

Гордостта на вярващите

Демоните не могат да влязат в един човек, който вярва в Бога, защото Бог го защитава. Има обаче случаи, когато демони влизат в хора, които твърдят, че вярват в Бога. Как може това да се случи? Бог се противопоставя на гордите. Ето защо, ако човек е горд до такава степен, че Бог да отвърне лицето Си от него, демоните могат да влязат в него. Ако един човек стане духовно горд, Сатаната може да накара демоните да го притежават, да го контролират и да го накарат да извърши лоши действия.

Дори ако не бъде обсебен от Сатаната, ако вярващият стане духовно горд, той може да обиди истината и впоследствие да стане нещастен. Тъй като той не се подчинява на Божието Слово, Бог не е с него и нищо не върви добре в живота му. Както е записано в Притчи

16:18: „Гордостта предшествува погибелта, и високоумието – падането", гордостта не води до нищо хубаво. В действителност, тя носи само болка и страдание. Трябва да знаем, че духовната гордост е абсолютен паразит и трябва да бъде разрушена напълно.

Как могат вярващите да знаят дали са горди? Гордият човек счита, че е прав и не приема много добре критиките на други хора. Да не действаме според Божието Слово също е форма на гордост, защото това показва, че човек не уважава Бога. Когато Давид нарушил Божията заповед и съгрешил, Бог го порицал остро, като казал: „ти Ме презря" (2 Царе 12:10). Така че да не се молим, да не обичаме, да не се подчиняваме и да не можем да видим лошото в себе си, а да сочим лошото у другите, са примери за гордост.

Гледайки презрително на другите, като ги осъждаме и проклинаме според нашите собствени стандарти, самохвалството, желанието да изтъкнем - всички те са форми на гордост. Използването на всяка възможност, за да се включим в дебати и устни спорове също са форми на гордост. Ако Вие сте горди, желаете да Ви служат и искате да се издигнете на върха. И докато се опитвате да се възползвате от себе си и да си създадете име, започвате да трупате зло.

Трябва да се покаете за този вид гордост и да станете смирен човек, за да се насладите на просперращ и радостен живот. Ето защо Исус казал: „Ако се не обърнете като дечицата, никак няма да влезете в небесното царство." (Матей 18:3). Ако човек се възгордее в сърцето си, мисли си, че винаги е прав, непрекъснато се опитва да защити достойнството си и да прави каквото иска, тогава не може да приеме Божието Слово точно такова, каквото е и да действа подобаващо, затова не може да получи спасение.

Гордостта на фалшивите пророци

Старият Завет разказва за времена, когато царете питали пророците за бъдещи събития и действали според съветите им. Цар Ахав бил седмият цар на северното царство на Израел и по времето на неговата смърт в страната преобладавало преклонението пред Ваал. В същото време се водела ожесточена война с Арам. Това се случило, защото Ахав не послушал предупрежденията на пророк Михей и повярвал вместо това на думите на фалшивите пророци.

В 3 Царе 22, цар Ахав помолил юдовия цар Иосафат да се присъедини към него, за да си върнат Рамот-галаад от ръцете на царя на Арам. Тогава цар Иосафат, който обичал Бог, предложил първо да се консултират с пророк, за да научат Божията воля, преди да вземат каквото и да е решение. След това цар Ахав повикал около четиристотин фалшиви пророци, които винаги го ласкаели и ги помолил за съвет. Те единодушно проповядвали победата на Израел.

Въпреки това истинският пророк Михея предсказал, че щяло да има поражение. Накрая пророчеството на Михея било пренебрегнато и двамата крале се обединили, за да воюват срещу Арам. Какъв бил резултатът? Войната завършила без никаква победа от двете страни. Цар Ахав, който бил притиснат, се облякъл като войник, за да се измъкне от бойното поле, но го застигнала случайно стрела и умрял от загуба на кръв. Това било последствието от пренебрегването от страна на Ахав на пророчеството на Михея - истинският пророк и вслушването му в пророчеството на фалшивите пророци. Лъжливите пророци и лъжливите учители ще получат Божията присъда. Ще бъдат хвърлени в ада - в езерото на сярата, което е седем пъти по-горещо от огненото езеро (Откровение 21:8).

Истинският пророк, с когото Бог пребъдва, има праведно сърце пред Бога и по този начин е способен да направи правилно пророчество. Лъжливите пророци, онези, които носят само титла или заемат длъжност, с която се хвалят, ще казват мнението си, сякаш е пророчество, ще водят нацията си към унищожение, или ще карат хората да съгрешават. Независимо дали става дума за институцията на семейството, на една държава или църква, ако слушаме думите на добър и праведен човек, ще живеем в мир, като следваме доброто. Ако следваме пътя на злия човек, ще изпитаме страдание и разрушение.

Осъждането на хората, които действат с гордост и порочност

1 Тимотей 6:3-5 гласи: „И ако някой предава друго учение, и не се съобразява със здравите думи на нашия Господ Исус Христос и учението, което е съгласно с благочестието, той се е възгордял и не знае нищо, а има болничава охота за разисквания и препирни за нищожности, от които произлизат завист, разпри, хули, лукави подозрения, крамоли между човеци с развратен ум и лишени от истината, които мислят, че благочестието е средство за печалба."

Божието Слово съдържа цялата доброта; следователно не е необходима друга доктрина. Тъй като Бог е съвършен и добър, само Неговите учения са верни. Въпреки това, самонадеяните хора, които не знаят истината, говорят за различни доктрини, спорят и се хвалят със себе си. Ако задаваме „противоречиви въпроси", ние твърдим, че само ние сме прави. Ако имаме „спорове с думи", това означава, че повишаваме тон и спорим с думи. Ако имаме „завист", това означава, че искаме да навредим на някого, ако получава повече любов от нас. Ние предизвикваме „размирици", ако участваме в спорове, които разделят хората. Ако станем тщеславни, сърцата ни са покварени и извършваме дела на плътта, които са омразни на Бог.

Ето защо, ако гордият човек не се покае и не се откаже от греховете си, Бог ще отвърне лицето Си от него и той ще бъде съден. Колкото и да вика: „Господи, Господи" и да изповядва, че вярва в Бога, ако не се покае и продължава да прави зло, в Деня на Страшния съд, той ще бъде хвърлен в огъня на ада заедно с всичката друга плява.

Благословиите на праведните, които се страхуват от Бог

Човек, който наистина вярва в Бога, ще премахне своята гордост и ще престане да извършва зли дела, за да стане праведен човек, който се бои от Бога. Какво означава да се страхуваме от ГОСПОД Бог? Притчи 8:13 гласи: „Страх от Господа е да се мрази злото. Аз мразя гордост и високоумие, лош път и опаки уста." Ако мразим злото и прогонваме всички форми на зло, ние ставаме хора, които действат с праведност в Божиите очи.

За такива хора Бог пролива своята изобилна любов и им дава спасение, отговаря на молитвите и благословиите им. Бог гласи: „А на вас, които се боите от името Ми, ще изгрее Слънцето на правдата с изцеление в крилата си; и ще излезете и се разиграете като телци из обора. Ще стъпчете нечестивите; Защото те ще бъдат пепел под стъпалата на нозете ви в деня, който определям, казва Господ на Силите." (Малахия 4:2-3).

Бог благославя с богатства, чест и живот (Притчи 22:4) онези, които се страхуват от Бог и спазват Неговите заповеди, както трябва да прави всеки човек (Еклесиаст 12:13). Затова получават отговори на своите молитви, изцеление и благословии, за да бъдат жизнерадостни и да се радват на истинска радост.

В Изход 15:26 Бог казал: „Ако прилежно слушаш гласа на Господа своя Бог, и вършиш онова, което Му е угодно, и слушаш заповедите Му, и пазиш всичките Му повеления, то не ще ти нанеса ни една от болестите, които нанесох върху египтяните; защото Аз съм Господ, който те изцелявам." Ето защо, независимо каква болест го сполетява, един човек, който се страхува от Бог, ще получи изцеление, ще води здравословен живот и в крайна сметка, ще отиде на Небето и ще се радва на вечна почест и слава.

Затова трябва внимателно да се вглеждаме в себе си. Ако открием в себе си някакви форми на гордост и зло, трябва да се покаем и да се откажем от тези пороци. И накрая, нека станем праведни хора, които се боят от Бога със смирение и служене.

Глава 15

За грях, за правда и за съдба

„Обаче Аз ви казвам истината, за вас е по-добре да отида Аз, защото, ако не отида, Утешителят няма да дойде на вас; но ако отида, ще ви го изпратя. И той, когато дойде, ще обвини света за грях, за правда и за съдба; за грях, защото не вярват в Мене; за правда, защото отивам при Отца, и няма вече да Ме виждате; а за съдба, защото князът на тоя свят е осъден."
(Йоан 16:7-11)

Ако вярваме в Исус Христос и отваряме сърцата си, за да Го приемем за наш Спасител, Бог ни дава Светия Дух като дар. Светият Дух ни кара да се преродим и ни помага да разберем Божието Слово. Той работи по много начини, като ни напътства да живеем в истината и ни води към пълно спасение. Ето защо, трябва да научим чрез Светия Дух какво е грях и да знаем как да различаваме това, което е правилно и грешно. Трябва също да се научим как да действаме в праведност, за да можем да отидем на Небето и да избегнем осъждането с Ада.

За греха

Исус разказал на своите ученици как щял да умре, окован на кръста и за трудностите, с които учениците щели да се сблъскат. Той също така ги насърчил, като им казал, че Неговото възкресение и възнесение на Небето щяло бъде последвано от идването на Светия Дух и от всички прекрасни неща, които щели да последват. Възнесението на Исус била необходима стъпка за изпращането на Светия Дух, Помощника.

Исус казал, че когато дойде Светият Дух, Той ще съди света за греха, правдата и съдбата. Какво означава, че Светият дух „ще осъди света за греха"? Както е записано в Йоан 16:9: „за грях, защото не вярват в Мене", липсата на вяра в Исус Христос е грях и това означава, че хората, които не вярват в Него, накрая ще бъдат съдени. Защо е грях липсата на вяра в Исус Христос?

Богът на любовта изпратил Своя Единороден Син, Исус Христос, на този свят, за да отвори пътя на спасението за хората, които станали роби на греха поради непокорството на Адам. Като умрял на кръста, Исус изкупил човечеството от всички грехове, отворил вратата на спасението и станал единственият Спасител. По този начин, не вярвайки в този факт, знаейки го, само по себе си е грях. И човек, който не приема Исус Христос за свой Спасител, не може да получи прошка на греха, така че той или тя ще остане грешник.

Защо Той осъжда за греха

Можем да видим, че има Създател Бог, като наблюдаваме цялото творение. Римляни 1:20 гласи: „Понеже от създанието на света това, което е невидимо у Него, сиреч вечната Му сила и божественост, се вижда ясно, разбираемо чрез творенията; така щото, човеците остават без извинение." Това означава, че никой не може да се извини с това, че не е вярвал, защото не е познавал Бога.

Дори един малък ръчен часовник не може просто да бъде създаден случайно, без да има производител и дизайнер. Как може тогава най-сложната и най-съвършената вселена да бъде създадена от само себе си? Само чрез наблюдение на Вселената, човек може да открие Божието всемогъщие и вечна сила.

И в този ден и век Бог показва Себе Си чрез извършване на знамения и чудеса с помощта на тези хора, които обича. Много хора в днешно време са били въведени във вярата от някой, който е вярвал в Бога, защото Той е истински. Някои хора дори лично са станали свидетели на чудо или са чували за него от непосредствен свидетел. Ако дори след като види и чуе за тези знамения и чудеса, човек не вярва, защото сърцето му е безчувствено, тогава той в крайна сметка ще тръгне по пътя на смъртта. Това е, което се има предвид, когато в Библията е записано, че Светият дух „ще осъди света относно греха".

Причината, поради която хората не приемат евангелието, обикновено е защото водят живот, изпълнен с грях, докато преследват собствените си изгоди. Мислейки, че този свят е всичко, те не могат да вярват в Небето и във вечния живот.

В глава 3 от Матей Йоан Кръстител призовава хората да се покаят, защото небесното царство е близо. Той казва също: „А и брадвата лежи вече при корена на дърветата; и тъй всяко дърво, което не дава добър плод, отсича се и в огъня се хвърля" (стих 10) и „Лопатата е в ръката Му, и Той здраво ще очисти гумното Си, и ще събере житото Си в житницата, а плявата ще изгори в неугасим огън" (стих 12).

Земеделецът посява, обработва и жъне плодовете. След това събира зърното в хамбара и изхвърля плявата. Бог действа по същия начин. Бог култивира човечеството и води към вечен живот Неговите истински деца, които живеят в истината. Ако те преследват света и остават грешници, Тай трябва да ги остави сами да вървят по пътя към унищожението. Следователно, за да станем пшеница и да получим спасение, ние трябва да станем праведни и да следваме Исус Христос с вяра.

За правдата

Според Божието провидение Исус дошъл на този свят и умрял на кръста, за да разреши проблема на хората за греха. Той обаче успял да преодолее смъртта, да възкръсне и да се издигне на небето, защото нямал първороден грях, не извършил грехове и живял в праведност. Исус казал в Йоан 16:10: „...за правда, защото отивам при Отца, и няма вече да Ме виждате..." В тези думи има скрито значение.

Тъй като Исус нямал никакъв грях, Той бил в състояние да изпълни Своята мисия за идването на този свят - Той не можел да бъде сломен от смъртта и възкръснал. Отишъл също пред Бащата Бог, за да придобие Небето като първия плод на възкресението. Това е, което Той нарича „праведност". Затова, когато приемем Исус Христос, получаваме дара на Светия Дух, както и разрешението да станем Божии деца. Чрез приемането на Исус Христос ние вече не сме деца на дявола, а се раждаме отново като свети деца на Бога.

Това е, което означава да получим спасение като сме наречени „праведни" чрез вяра, защото сме направили нещо, което заслужава спасение. Ние получаваме спасение само чрез вяра и не плащаме цена. Ето защо винаги трябва да бъдем благодарни на Бога и да живеем в праведност. Можем да възстановим образа на Бог, когато се борим срещу греха с цената на нашата кръв и го отхвърляме, за да подражаваме на сърцето на нашия Господ.

Защо Той осъжда за правдата

Ако не живеем в правда, дори и невярващите ни се присмиват. Вярата е пълна, когато е последвана от действие, а вярата без действие е мъртва вяра (Яков 2:17). Невярващите съдят и осъждат от собствената си гледна точка, като казват: „Казвате, че ходите на църквата, а пак пиете и пушите?" Как можеш да съгрешаваш и да наричаш себе си последовател на Христос? Ако сте приели Светия дух като вярващи, но не живеете праведно, с което получите присъда, това е, което Библията нарича „съд за правдата".

В този случай Бог ще порицае и ще накаже детето Си чрез Светия Дух, за да не продължи да живее в грях. Причината, поради която Бог позволява определени видове изпитания и трудности да сполетят семействата на някои хора, техните работни места, работата им или самите тях, е да ги подтикне да живеят като праведни мъже и жени. Освен това, врагът дявол и Сатаната предявяват обвинения срещу тях и Бог трябва да позволи изпитанията според духовния закон.

Писарите и фарисеите били уверени, че живеят в праведност, защото считали, че познавали много добре и спазвали стриктно закона. Исус ни казва обаче, че няма да влезем в небесното царство, ако нашата праведност не надмине тази на писарите и фарисеите (Матей 5:20). Ако само се молим „Господи, Господи" не означава, че ще получим спасение. За да завладеем Небето, ние трябва да вярваме в Господ от все сърце, да отхвърлим греховете си и да бъдем праведни.

„Да живеем в праведност" не означава само да слушаме Божието слово и да го спазваме като просто знание. Това е да станем праведни хора, като вярваме в сърцата си и действаме според Словото Му. Представете си как би било, ако Небето е пълно с измамници, разбойници, лъжци, прелюбодейци, ревниви хора и т.н. Бог не култивира човечеството, за да занесе плявата на Небето! Божията цел е да занесе пшеницата - праведните - на Небето.

За правдата

Йоан 16:11 гласи: „...а за съдба, защото князът на тоя свят е осъден." Тук „князът на тоя свят" се отнася за врага дявол и Сатаната. Исус дошъл в този свят заради греховете на човечеството. Той завършил делото на правдата и напуснал окончателния съд. Можем да кажем също, че окончателният съд вече е направен, защото само чрез вяра в Исус Христос човек може да получи опрощението на греховете и спасение.

Онези, които не вярват, в крайна сметка ще отидат в Ада, сякаш вече са получили своята присъда. Ето защо Йоан 3:18-19 гласи: „Който вярва в Него не е осъден; който не вярва е вече осъден, защото не е повярвал в името на Единородния Божий Син. И ето що е осъждението: светлината дойде на света, и човеците обикнаха тъмнината повече от светлината, защото делата им бяха зли."

Какво можем да направим, за да избегнем да бъдем съдени? Бог ни казва да сме трезвомислещи, да действаме с праведност и да престанем да съгрешаваме (1 Коринтяни 15:34). Той ни казва да се въздържаме от всякаква форма на злото (1 Солунци 5:22). За да действаме в праведност в Божиите очи, ние определено трябва да се отървем от нашите грехове, както и да отхвърлим дори и най-малкото зло.

Можем да отхвърлим греховете, ако мразим злото и се ангажираме да останем в доброто. Възможно е да попитате: „Трудно е да се откажа дори от един грях; Как мога да се откажа от всичките си грехове?" Помислете за това по този начин. Ако се опитате да извадите корените на едно дърво един по един, това е изключително трудно. Ако извадите обаче основния корен, всички други по-малки вторични корени също ще бъдат изкоренени автоматично. По същия начин, ако се съсредоточите първо върху това да се отървете от най-трудния грях чрез пост и страстна молитва, ще можете да отхвърлите и други пороци.

В сърцето на човека се намира похотта на плътта, похотта на очите и гордостта от живота. Това са някои от многото форми на злото, които идват от врага дявол. Затова човек не може да изгони тези грехове просто със собствената си сила. Ето защо Светият Дух помага на онези, които правят усилие да бъдат святи и да се молят. Тъй като Бог е доволен от техните усилия, Той ще им даде благодат и сила. Когато тези четири неща - милосърдието и силата от Бога от горе, нашите усилия и помощта на Светия Дух - действат заедно, тогава ние определено можем да отхвърлим греховете си.

За да се случи това, първо трябва да премахнем похотта на очите. Ако нещо е неистина, за нас е най-полезно да не го виждаме, да не го чуваме и дори да не сме близо до него. Да кажем, че един тийнейджър е видял нещо неприлично на видео клип или по телевизията. Тогава чрез похотта на очите се активира сърцето и се пораждат плътски желания. Това кара тийнейджъра да скрои порочни планове, които да причинят всевъзможни проблеми, ако са приведени в практика. Ето защо е толкова важно за всички нас да премахнем похотта на очите.

Матей 5:48 гласи: „И тъй бъдете съвършени и вие, както е съвършен вашият небесен Отец." Бог казал в 1 Петрово 1:16: „Бъдете свети, понеже Аз съм свет." Някои хора могат да попитат: „Как може човек да стане съвършен и свят като Бог?" Бог иска да бъдем святи и съвършени. И да, не можем да постигнем това със собствената си сила. Затова Исус поел кръста и затова Светият Дух, Помощникът, ни помага. Само защото някой твърди, че е приел Исус Христос и Го призовава: „Господи, Господи", това не означава, че той ще отиде на Небето. Той трябва да отхвърли греховете си и да води праведен живот, за да избегне съда и да отиде на небето.

Светият дух осъжда света

Тогава защо Светият Дух дойде да осъди света за греха, правдата и съдбата? Това е така, защото светът е пълен със зло. По същия начин, когато планираме нещо, ние знаем, че то има начало и край. Ако се вгледаме в различните знамения в днешния свят, можем да видим, че краят наближава.

Създателят Бог наблюдава историята на човечеството с ясен план за началото и края. В Библията има ясно разграничение между добро и зло, както и ясно обяснение, че грехът води до смърт, а правдата - до вечен живот. Бог благославя и пребъдва с хората, които вярват в Него. Онези обаче, които не вярват в Него, в крайна сметка получават съд и тръгват по пътя на смъртта. Божието решение отдавна е направено (2 Петрово 2:3).

Подобно на Големия Потоп по времето на Ной и унищожаването на Содом и Гомор по време на Авраам, Божият съд идва, когато човешкото нечестие е достигнало границата си. За да бъдат освободени израилтяните, Бог изпратил десет чуми на Египет. Това било осъждането на Фараона за неговата арогантност.

Преди около две хиляди години, когато Помпей станал толкова покварен с изключително извращение и упадък, Бог го унищожил с природно бедствие на вулканични изригвания. Ако посетите Помпей днес, градът, покрит с вулканична пепел, е запазен точно както изглеждал, когато бил разрушен, и с един поглед е възможно да се види покварата от онази епоха.

В Новия Завет Исус веднъж смъмрил лицемерните писари и фарисеите, повтаряйки седем пъти: „Горко на вас".

Светът трябва да бъде осъден и смъмрен, за да не може да попадне в Ада.

В Матей, глава 24 учениците попитали Господ за признаците за Неговото идване и за края на века. Исус им обяснил подробно, казвайки, че ще настъпят безпрецедентни големи страдания. Бог няма да отвори вратата на небето и да излее вода или огън, както направил в миналото, но ще има съд, който е в съответствие с времето.

Книгата Откровение пророкува, че ще бъдат създадени модерни оръжия и ще има огромно разрушение от невъобразимо мащабна война. Сега, когато Божият план за човешкото култивиране завършва, ще настъпи Страшният Съд. В този ден ще бъде отсъдено дали всеки от тях да живее вечно в Ада или на Небето. Как трябва да живеем сега?

Отхвърлете греха и живейте праведно

За да избегнем осъждането, ние трябва да отхвърлим нашите грехове и да живеем в праведност. По-важното е, че всеки човек трябва да разоре сърцето си с Божието Слово, точно както земеделецът разорава полето си. Трябва да разорем земята покрай пътя, скалистата почва и трънливата почва, и да ги превърнем в добра, плодородна почва.

Понякога се чудим: „Защо Бог оставя невярващите сами, и въпреки това позволява такива трудности да сполетят мен, вярващия?" Това е така, защото както букетът с цветя без корени изглежда красив привидно, а всъщност няма живот, невярващите вече са осъдени и ще отидат в ада, така че не е необходимо да бъдат наказвани.

Причината, поради която Бог ни наказва е, че ние сме

Неговите истински, а не незаконни деца. Затова трябва по-скоро да сме благодарни за Неговото наказание (Евреи 12:7-13). Подобно на родителите, които наказват децата си, защото ги обичат и искат да ги водят по правилния път, дори и това да означава да ги напляскат, защото ние сме Божии деца и когато е необходимо, Бог ще позволи да ни сполетят трудности, за да получим спасение.

Еклесиаст 12:13-14 гласи: „Нека чуем краят на цялото слово: Бой се от Бога и пази заповедите Му, Понеже това е всичко за човека. Защото, относно всяко скрито нещо, Бог ще докара на съд всяко дело, Било то добро или зло." Да живеем праведно означава да изпълняваме целия дълг на човека в живота ни. Тъй като Божието Слово ни казва да се молим, ние трябва да се молим. Тъй като Той ни казва да пазим Господния ден свят, ние трябва да го пазим свят. И когато ни казва да не съдим, не трябва да съдим. Постъпвайки по този начин, когато спазваме Неговото Слово и действаме подобаващо, получаваме живот и тръгваме по пътя на вечния живот.

Затова се надявам да запишете всички тези послания в сърцето си, за да станете пшеницата, носеща духовната любов, описана в 1 Коринтяни, глава 13, деветте плода на Светия Дух (Галатяни 5: 22-23) и благословиите на Блаженствата (Матей 5: 3-12). Моля се в името на Господ по този начин не само да получите спасение, но и да станете Божии деца, които блестят като слънцето на небесното царство.

Авторът
д-р Джейрок Лий

Д-р Джейрок Лий е роден в Муан, провинция Джионам, Република Корея, през 1943 година. На двадесет годишна възраст, д-р Лий започнал да страда от различни неизлечими болести в продължение на седем години и очаквал смъртта без надежда да оздравее. Въпреки това, един ден през пролетта на 1974 г. сестра му го завела на църква. Той коленичил в молитва и живият Бог веднага го излекувал от всички болести.

От момента в който д-р Лий срещнал живия Бог чрез това прекрасно преживяване, той започнал да Го обича от все сърце и през 1978 година бил призован да стане Божи служител. Молил се ревностно с безброй молитви и пости, за да разбере ясно Божията воля, да я постигне изцяло и да спазва Божието слово. През 1982 г. той основал Централната църква Манмин в Сеул, Южна Корея, където започнали да се извършват безброй Божи дела, включително чудотворни изцеления, знамения и чудеса.

През 1986 г. доктор Лий бил ръкоположен за пастор на годишната среща на Светата корейска църква на Исус, а четири години по-късно, през 1990 г., неговите проповеди започнали да се излъчват в Австралия, Русия и Филипините. За кратко време, те достигнали и много други страни чрез далекоизточната радиопредавателна компания, азиатската радиостанция и християнското радио Вашингтон.

Три години по-късно, през 1993 г. Централната църква Манмин била избрана от списание Християнски свят (US) като една от 50-те водещи световни църкви и той получил титлата почетен доктор по богословие от Християнския колеж във Флорида, САЩ. През 1996 г. д-р Лий защитил докторат по християнско духовенство от Теологичната семинария Кингсуей, Айова, САЩ.

От 1993 г. д-р Лий провежда световна евангелизация чрез множество международни мисии в Танзания, Аржентина, Лос Анжелес, град Балтимор, Хаваи и Ню Йорк в САЩ, Уганда, Япония, Пакистан, Кения, Филипините, Хондурас, Индия, Русия, Германия, Перу, Демократична република Конго, Израел и Естония.

През 2002 г. той бил обявен за „Световен пастор" от най-важните християнски вестници в Корея за своята работа в различни международни обединени мисии. По-конкретно, мисията през 2006 г. в Ню Йорк, проведена на Медисън Скуеър Гардън, най-известната сцена на света. Събитието бе излъчено в 220 държави и по време на неговата обединена мисия в Израел през 2009 г., проведена в

Международния конгресен център (ICC) в Ерусалим, той смело провъзгласи, че Исус Христос е Месията и Спасител.

Проповедите му се излъчват в 176 държави чрез сателити, включително GCN TV. и е включен в списъка на „Десетте най-влиятелни християнски лидери" за 2009 и 2010 г. от известното руско християнско списание In Victory и информационната агенция Christian Telegraph за могъщото му духовенство по телевизията и в чужбина.

Към месец декември, 2016 г., паството на Централната църква Манмин наброява над 120,000 члена. Има 11,000 църковни клонове по света, включително 56 национални църковни клонове и над 102 мисионери са изпратени в 23 държави, включително в САЩ, Русия, Германия, Канада, Япония, Китай, Франция, Индия, Кения и много други.

Към датата на тази публикация, д-р Лий е написал 105 книги, включително бестселърите Опитване на вечния живот преди смъртта, Моят живот, Моята вяра I и II, Посланието на кръста, Мярката на вярата, Небето I и II Ад, Събуди се, Израел! и Божията сила. Произведенията му са преведени на повече от 76 езика.

Неговите статии за християнството са публикувани в следните издания The Hankook Ilbo, The Chosun Ilbo, The JoongAng Daily, The Dong-A Ilbo, The Munhwa Ilbo, The Seoul Shinmun, The Kyunghyang Shinmun, The Korea Economic Daily, The Korea Herald, The Shisa News, и The Christian Press.

Понастоящем Д-р Лий е ръководител на редица мисионерски организации и асоциации. Заеманите от него длъжности включват: Председател на Обединената света църква на Исус Христос, президент на Световната мисия на Манмин, постоянен президент на Световната християнска асоциация за изцеление, основател на телевизията Манмин, основател и председател на съвета на Глобалната християнска мрежа (GCN), основател и председател на съвета на Световната мрежа на християнските лекари (WCDN) и основател и председател на съвета на Международната семинария Манмин (MIS).

Други могъщи книги от същия автор

Небето I & II

Подробно описание на великолепната среда, на която се радват небесните жители и красиво описание на различните равнища на небесното царство.

Моят живот Моята вяра I & II

Най-благоуханен духовен аромат от живота, разцъфтял с несравнима любов към Бога сред тъмни вълни, тежък гнет и най-дълбоко отчаяние.

Опитване на вечния живот преди смъртта

Мемоари на преподобния Д-р Джейрок Лий, който бил прероден и спасен от долината на смъртта и от тогава води примерен християнски живот.

Мярката на вярата

Какво обиталище, каква корона и какви награди са подготвени за Вас на небето? Тази книга дарява с мъдрост и Ви ръководи, за да премерите вярата си и да добиете най-добрата и зряла вяра.

Ад

Страстно послание до цялото човечество от Бога, който не иска нито една душа да не попадне в дълбините на Ада! Ще откриете неописаната досега жестока действителност на Чистилището и Ада.

www.urimbooks.com

www.ingramcontent.com/pod-product-compliance
Lightning Source LLC
LaVergne TN
LVHW012013060526
838201LV00061B/4288